宅基地
使用权流转的
实证研究

韩富营　王景淘　著

Empirical Study on the Transfer of
the HOMESTEAD
Use Right

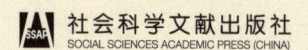

社会科学文献出版社
SOCIAL SCIENCES ACADEMIC PRESS (CHINA)

本书为教育部人文社会科学研究项目"双层经营体制下农村集体资产股份流转问题研究"（项目编号：23YJA820016）阶段性成果，2023年国家社科基金青年项目"数据资产登记制度构建研究"（项目编号：23CFX014）阶段性成果，山东省人大常委会地方立法研究服务基地项目资助，泰山学者工程专项经费资助。

目 录

导 论 …………………………………………………………… 1
    一 研究背景 ………………………………………………… 1
    二 研究内容 ………………………………………………… 8
    三 研究思路与方法 ………………………………………… 13

第一章 宅基地使用权流转的调研考察 …………………………… 15
    一 宅基地使用权流转调研背景 …………………………… 15
    二 调研历程 ………………………………………………… 17
    三 宅基地使用权流转正当性论证 ………………………… 33
    四 宅基地使用权流转的革新困境 ………………………… 36
    五 宅基地使用权流转的机制完善 ………………………… 40

第二章 宅基地使用权流转的实证分析 …………………………… 54
    一 典型案例分析 …………………………………………… 54
    二 学理深度分析 …………………………………………… 63
    三 既存问题分析总结 ……………………………………… 78
    四 实践成果汇总 …………………………………………… 84
    五 调研团队创新点 ………………………………………… 88

第三章　宅基地使用权流转的理论基础 …………………… 91
　　一　问题的提出 ………………………………………… 91
　　二　现行宅基地使用权制度的理论反思 ……………… 92
　　三　宅基地使用权流转的正当性 ……………………… 95
　　四　宅基地使用权流转的理论塑造 …………………… 99

第四章　宅基地使用权流转的制度建构 ………………… 102
　　一　宅基地使用权流转的适度限制 …………………… 102
　　二　宅基地使用权流转的"登记生效"规则 ………… 105
　　三　宅基地使用权流转取得与退出机制的构建 ……… 107
　　四　宅基地使用权流转的制度保障 …………………… 110
　　五　小结 ………………………………………………… 113

第五章　宅基地使用权入股的实现路径 ………………… 114
　　一　宅基地使用权入股的冲突之困 …………………… 115
　　二　宅基地使用权入股的可行论证 …………………… 118
　　三　宅基地使用权入股的实现之难 …………………… 122
　　四　宅基地使用权入股的破解之道 …………………… 126
　　五　小结 ………………………………………………… 130

第六章　宅基地"使用权"抵押的困局破解 …………… 132
　　一　问题的提出 ………………………………………… 132
　　二　宅基地"使用权"抵押的实证考察 ……………… 134
　　三　宅基地"使用权"抵押的现实桎梏 ……………… 138
　　四　宅基地"使用权"抵押的困局破解 ……………… 143
　　五　小结 ………………………………………………… 147

第七章 宅基地买受人执行异议权的实现 …………………… 148
　一 问题的提出 ………………………………………………… 148
　二 宅基地买受人执行异议权的权利基础探查 ……………… 149
　三 宅基地买受人执行异议权的正当性 ……………………… 153
　四 宅基地买受人执行异议权的实现要件 …………………… 155

调研附录 …………………………………………………………… 157
　一 调研数据 …………………………………………………… 157
　二 调研纪实 …………………………………………………… 184

参考文献 …………………………………………………………… 193

导 论

一 研究背景

农村宅基地使用权"三权分置"政策是对原有"两权分立"权利架构之改造，其要义是在保持集体所有权不变的前提下，将宅基地使用权分离为农户资格权和使用权。[①] 当前城市化进程加快的社会背景下，宅基地"三权分置"理论研究对农业农村现代化建设具有重要意义，同时对"宅基地使用权具有身份性"及"宅基地使用权应坚持保障性"等理论观点构成一定冲击。本书以宅基地使用权制度改革为视角，重点关注宅基地使用权制度保障性与经济性之间的协调问题，旨在探讨乡村振兴背景下宅基地使用权的物权效用及经济功能的实现路径，以期助推农业农村现代化发展。

（一）国内外研究现状及述评

1. 国内相关研究梳理及研究动态

国内学术界对农村宅基地"三权分置"制度开展了广泛的研究，研究领域涉及法学、经济学、政治学等；研究视角涉及城乡二元制度、

[①] 参见温世扬、梅维佳《宅基地"三权分置"的法律意蕴与制度实现》，《法学》2018 年第 9 期。

乡村振兴战略、农村土地产权制度等。2007年《中华人民共和国物权法》（简称《物权法》）颁布以来，农村宅基地产权制度成为学术研究热点，2007年至2012年集中于农村宅基地使用权用益物权性质及权能的探讨，2012年以后集中于农村宅基地使用权流转与退出以及农村宅基地"三权分置"制度探讨。[①] 纵观国内目前对宅基地使用权理论研究，集中在以下几方面。

（1）乡村振兴与农村宅基地使用权"三权分置"的关系

学术界总体肯定农村宅基地制度改革与农村乡村振兴之间的积极意义，并重点关注两方面内容：一是肯定农村宅基地"三权分置"改革对乡村振兴的作用，[②] 二是针对乡村振兴战略背景下农村宅基地"三权分置"改革重点及方向提出不同思路：张磊提出土地使用权流转制度优化路径，分析流转可行性；[③] 王若男等认为应建立外来农民有偿使用农村宅基地机制，推动产业聚合和城乡融合发展。[④]

（2）农村宅基地使用权"三权分置"的制度价值

学术界总体上肯定农村宅基地使用权"三权分置"制度的价值。[⑤] 但也有学者对农村宅基地使用权"三权分置"制度价值质疑：贺雪峰认

[①] 参见吴宝林《乡村振兴背景下农村宅基地"三权分置"制度研究》，博士学位论文，江西财经大学，2022，第4页。

[②] 参见孔祥智《农村宅基地改革政策沿革和发展方向》，《农村工作通讯》2019年第12期；姜楠《宅基地"三权"分置的法构造及其实现路径》，《南京农业大学学报》（社会科学版）2019年第3期；郭贯成、盖璐娇《乡村振兴背景下宅基地"三权分置"改革探讨》，《经济与管理》2021年第3期；林超、郭彦君《农村宅基地功能研究述评及对乡村振兴启示》，《经济体制改革》2020年第4期。

[③] 参见张磊《乡村振兴战略导向下农村宅基地确权及流转制度改革研究》，《农业与技术》2021年第4期。

[④] 参见王若男等《乡村振兴背景下宅基地使用权的资源再配及治理路径——基于定量定性混合研究方法》，《中国土地科学》2021年第7期。

[⑤] 参见傅夏仙、黄祖辉《中国脱贫彰显的制度优势及世界意义》，《浙江大学学报》（人文社会科学版）2021年第2期；董新辉《新中国70年宅基地使用权流转：制度变迁、现实困境、改革方向》，《中国农村经济》2019年第6期。

为农村宅基地"三权分置"改革缺乏必要性,①陈文胜认为农村宅基地"三权分置"制度改革在法理上存在障碍,现实上不具备可操作性。②也有学者主张我国现阶段以及以后相当长一段时间内,禁止宅基地转让都是符合我国社会公共利益以及农民整体利益的。③

(3) 农村宅基地使用权"三权分置"的法权结构

在宅基地试点改革和2018年中央一号文件提出"三权分置"之前,法学界就有关于通过权利配置实现宅基地流转开禁问题的探讨,其解决思路大都围绕将房屋从宅基地使用权中解放出来,以实现房屋财产权处分自由。刘凯湘提出"法定租赁权"方式,④王卫国、朱庆育则建议引入比较法上的"地上权"思路,⑤这些思想为后来宅基地制度改革提供了有效参考。宅基地"三权分置"改革试点后,理论界争议焦点体现在资格权的权利属性及宅基地使用权的法权结构两方面:关于资格权是否属于民法上一种具体权利,有肯定说⑥,也有否定说⑦,肯定说又有不同类型的表达。关于"三权"中宅基地"使用权"的性质和法律构造,有债权说与用益物权说两类观点,研究核心围绕着资格权是身份还是权利以及宅基地使用权是否需要拆分以及如何拆分展开。前者如高圣平承袭法定租赁权思路,⑧后者如席志国承续了地上权思

---

① 参见贺雪峰《宅基地、乡村振兴与城市化》,《南京农业大学学报》(社会科学版)2021年第4期。
② 参见陈文胜《农村改革,必须要有底线!》,《协商论坛》2020年第8期。
③ 参见孟勤国《禁止宅基地转让的正当性和必要性》,《农村经营管理》2010年第5期;陈柏峰《农村宅基地限制交易的正当性》,《中国土地科学》2007年第4期。
④ 参见刘凯湘《法定租赁权对农村宅基地制度改革的意义与构想》,《法学论坛》2010年第1期。
⑤ 参见王卫国、朱庆育《宅基地如何进入市场?——以画家村房屋买卖案为切入点》,《政法论坛》2014年第3期。
⑥ 参见李凤章、赵杰《农户宅基地资格权的规范分析》,《行政管理改革》2018年第4期。
⑦ 参见刘国栋《农村宅基地"三权分置"政策的立法表达——以"民法典物权编"的编纂为中心》,《西南政法大学学报》2019年第2期。
⑧ 参见高圣平《宅基地制度改革与民法典物权编编纂——兼评〈民法典物权编(草案二次审议稿)〉》,《法学评论》2019年第4期。

路,[1] 也有研究对"三权"建构进行不同方式的探索,例如丁关良指出针对该问题的理论达十五种之多。[2]

(4) 农村宅基地使用权制度完善的思路和路径

学界围绕产权与管制关系展开讨论,有观点认为产权和管制可以达到相同效果,没有必要区分产权和管制。[3] 针对改革重心问题,有学者主张侧重产权制度[4],另有部分学者认为需重视落实集体所有权[5],还有部分学者认为应该是保障资格权[6]。针对完善思路,丁国民、龙圣锦提出立法论思路,制定相应法律对农村宅基地各项权利予以规范,[7] 陈振等从风险控制角度论证了严禁城镇居民购买农村宅基地的必要性[8]。

关于农村宅基地使用权制度的前期研究文献较为丰富,为本书后续展开奠定了良好的理论基础,但学者对该问题理论研究热潮随着国家政策力度的减弱也在逐渐消退。在研究主题上,同一主题研究重复、泛泛讨论宏观层面较多,对宅基地使用权内部构造与流转机制等疑难问题没有给予重点关注;在研究对象上,学理层面研究较多,社会实践关注较少;在研究内容上,学者趋于在"三权分置"背景下讨论宅基地制度的应市变革;在研究方法上,逐步重视由传统纯理论分析逐渐转向实证分析,包括对全国各地规章制度文本实证研究、田野实证调查研究和司

---

[1] 参见席志国《民法典编纂中的土地权利体系再构造——"三权分置"理论的逻辑展开》,《暨南学报》(哲学社会科学版) 2019 年第 6 期。
[2] 参见丁关良《宅基地之新的权利体系构建研究——以宅基地"三权分置"改革为视野》,《贵州社会科学》2021 年第 7 期。
[3] 王旭东:《中国农村宅基地制度研究》,中国建筑工业出版社,2011,第 15 页。
[4] 参见刘俊《农村宅基地使用权制度研究》,《西南民族大学学报》(人文社科版) 2007 年第 3 期。
[5] 参见李国祥《全面把握"三权分置"深化农村宅基地制度改革》,《中国党政干部论坛》2020 年第 8 期。
[6] 参见王欣《"三权分置"下农村宅基地资格权研究——基于四川省泸县宅基地制度改革试点实践》,《广西质量监督导报》2020 年第 2 期。
[7] 参见丁国民、龙圣锦《乡村振兴战略背景下农村宅基地"三权分置"的障碍与破解》,《西北农林科技大学学报》(社会科学版) 2019 年第 1 期。
[8] 参见陈振等《宅基地"三权分置":基本内涵、功能价值与实现路径》,《农村经济》2018 年第 11 期。

法裁判案例研究。

2. 国外相关研究梳理及研究动态

国外学术界对农地产权制度与管制制度功能差异和新农村主义与农地产权制度之间关系有较为深入的研究，重视土地产权保护，主张土地产权制度改革的市场化方向。研究内容主要体现在以下几个方面。

(1) 乡村振兴与土地制度改革的关系

乡村振兴是我国特有概念，国外与之较为接近的术语为新农村主义(New Ruralism)。威廉·埃利斯(William Ellis)等提出新农村主义这一概念。[①] 新农村主义最初重点在于农村土地使用适应后工业时代的技术变革，现在更多地指城市化影响下的农村地区的可持续发展。盖伦·纽曼(Newman G.)和杰西·萨吉诺(Saginor J.)认为是城市扩张的恐惧促进了农田保护和产权制度创新，[②] 苏珊·帕勒姆(Susan Parham)认为新农村主义侧重于最大限度地减少非农业用途的土地消耗。[③] 越南学者潘万黄认为保持农村土地使用权稳定将有助于农业发展，[④] 以法莲·卡本达·蒙希夫瓦(Ephraim Kabunda Munshifwa)等学者通过对赞比亚土地制度研究，指出虽然从长期来看，法律上所有权至关重要，但人们实际上关心的是占有而非法律上的产权。[⑤]

(2) 土地财产权益实现路径观点不一。奈杰尔·斯万(Nigel Swan)

[①] Ellis W N, Fanning O, "The New Ruralism", *Habitat International*, 1977, (s1-2), pp. 235-245.

[②] Newman G, Saginor J, "Priorities for Advancing the Concept of New Ruralism", *Sustainability*, 2016, 8 (3), p. 2.

[③] Parham S, "Theory and practice of agrarian, urbanism", *Journal of urbanism*, 2011, 4 (2), pp. 193-194.

[④] 参见〔越〕潘万黄《维护越南土地改革过程中的平等》，载中国社会科学院农村发展研究所宏观经济研究室主编《农村土地制度改革：国际比较研究》，社会科学文献出版社，2009，第15~18页。

[⑤] Munshifwa E K, Ngoma W, Makenja I, "Major Determinant of Physical Development on Urban Residential Land: The Case of Kalulushi Municipality in Zambia", *International Journal of Social Science Studies*, 2017, 5 (6), pp. 79-89.

认为稳定的土地产权对农业繁荣不会发挥重要作用,[①] 克雷格·安东尼·阿诺德（Craig Anthony Arnold）认为土地管理制度对于解决退化的流域和生态条件、区域住房需求、有限的地方政府收入、当地生产不足的经济条件等复杂公共问题有帮助,[②] 理查德·布里弗（Richard Briffault）认为美国土地政策的目标主要体现缓解拥挤及不同用途的土地分类管理,[③] 杰米·巴克斯特（Jamie Baxter）和迈克尔·特雷比尔科克（Michael Trebilcock）注意到加拿大少数民族地区力求在现行管理制度下寻求土地资源使用与环境保护优先性之间的平衡点,[④] 约翰·埃默斯·戴维斯（John Emmeus Davis）为解决土地分散利用的问题提出社区土地信托方式,[⑤] 阿姆农·莱哈维（Amnon Lehavi）指出全球化的发展和各地传统的土地产权制度产生了冲突,应建立国际化的土地产权制度。[⑥]

（3）国外学者对我国土地产权的研究。罗伊·普罗斯特曼（Roy Prosterman）等学者从1987年开始对中国土地制度改革进行实地调查,主张通过立法方式明确规定土地所有者,进而改善中国的土地制度和农业发展。[⑦] 美国学者伊利（Ely）和莫尔豪斯（Morehouse）通过分析具

[①] 参见〔美〕奈杰尔·斯万《东欧转型国家中的土地产权改革:问题与前景》,载中国社会科学院农村发展研究所宏观经济研究室主编《农村土地制度改革:国际比较研究》,社会科学文献出版社,2009,第4~6页。

[②] Arnold C A, "The Structure of the Land Use Regulatory System in the United States Proceedings from the Symposium on the Law and Policy of Ecosystem Services", *Journal of Land Use & Environmental Law*, 2006, 22（2）, p.441.

[③] Briffault R, "Smart Growth and American Land Use Law A Look at Smart Growth and Urban Sprawl", *Saint Louis University Public Law Review*, 2002, 21（2）, pp.253-270.

[④] Baxter J, Trebilcock M, "Formalizing Land Tenure in First Nations: Evaluating the Case for Reserve Tenure Reform", *Indigenous Law Journal*, 2008, 7（2）, pp.45-122.

[⑤] Emmeus Davis J, "Common Ground: Community-Owned Land as a Platform for Equitable and Sustainable Development", *University of San Francisco Law Review*, 2017, 51（1）, pp.1-50.

[⑥] Lehavi A, "The Global Law of the Land", *University of Colorado Law Review*, 2010, 81（2）, pp.425-472.

[⑦] 参见〔美〕罗伊·普罗斯特曼等《关于中国农村土地制度改革的若干建议》,《中国改革》1995年第8期。

有全国代表性数据,总结认为中国农业经济特点为土地权利异质性。①何·皮特（Ho Peter）提出正是因为中国法律条款在土地权属问题上具备不确定性,农地制度才能得以顺利运行。②克里斯托瓦尔·凯（Cristobal Kay）在系统总结世界各国土地改革经验的基础上指出,那些进行了重大土地改革、在农村经济的投入和产出市场以及扶贫社会政策（如卫生、教育）方面提供了大量直接和间接支持的国家,能够大幅减少农村贫困,如中国。③

在比较法领域土地现代化内容的研究,以德国为发端的大陆法系国家已经有相对成熟的理论成果。20世纪50年代至90年代,德国学者们和实务界结合自身的特点对土地的私权属性、内容、变动及行使进行了深入探讨,为农村土地制度的研究提供了丰富可供参考的文献资料。鉴于宅基地使用权是一项具有我国本土特色的制度,国际上专门就我国农村宅基地问题展开深入、全面研究的论著并不多见。国内外土地产权制度改革的实践经验表明,同样的土地制度改革措施会导致截然不同的结果,土地产权制度必须与国家性质相符合,与生产力发展水平相适应。

（二）研究价值

1. 学术价值

第一,有助于辩证分析农村宅基地"三权分置"改革与乡村振兴的关系。避免了理论界要么完全否认农村宅基地"三权分置"改革对乡村振兴的促进作用,要么简单认为农村宅基地"三权分置"必然促进乡村振兴而忽略制度改革措施与路径对改革成效影响的问题。本书在辩证分

---

① 参见〔美〕伊利、莫尔豪斯:《土地经济学原理》,滕维藻译,商务印书馆,1982,第181页。
② 参见〔荷〕何·皮特:《谁是中国土地的拥有者？——制度变迁、产权和社会冲突》,林韵然译,社会科学文献出版社,2008,第33~34页。
③ Cristobal Kay, "Latin America's Agrarian Reform: Lights and Shadows", *Land Reform, Land Settlements and Cooperatives*, 1998, (2), pp. 9-31.

析二者关系基础上，探讨了构建二者之间良性互动关系的路径和方法。

第二，有助于厘清宅基地"三权分置"所有权、资格权、使用权的关系。农村宅基地使用权和资格权都是所有权的派生性权利，农村宅基地产权第一次产权分割是所有权与使用权分离，第二次产权分割是使用权与资格权分离。厘清集体土地所有权、农户成员权及宅基地使用权之间的关系，能够明晰宅基地"三权分置"的法权关系归属，进而增强宅基地使用权和土地经营权的经济效用与社会效用，完善农地权利体系。

2. 应用价值

第一，有利于减少农村宅基地"三权分置"制度成本。分析政府、村民委员会、农户在农村宅基地上的利益冲突，农村宅基地"三权分置"制度执行者（政府、村民委员会）与参与者（农户）之间演化博弈关系，为各权利主体在宅基地"三权分置"改革过程中减少利益摩擦，寻求合作提供指引，进而减少制度改革的成本。

第二，为农村宅基地"三权分置"制度提供实践参考。针对如何深化农村宅基地"三权分置"改革的问题，从制度环境、制度动力、制度自身缺陷弥补、相关配套制度四个层面提出了具体对策，结合实证考察为宅基地"三权分置"提供实践参考。

第三，避免农村宅基地"三权分置"的改革方向偏离。分析农村宅基地"三权分置"改革深化的方向和趋势，找准农村宅基地"三权分置"改革与乡村振兴的联结点，促使农村宅基地使用权物权化，从而更好地发展壮大集体经济，避免改革方向的偏离。

二　研究内容

（一）研究对象

乡村振兴战略背景下农村宅基地"三权分置"制度完善，关键是使用权盘活方式与资格权保障范围的同步扩展，确保农村宅基地"三权分置"改革不偏离乡村振兴战略价值目标,当前乡村振兴背景下制约宅基地制度进一步改革的问题日益凸显。鉴于此,本书以乡村振兴背景下宅基地使用权为研究对象,对"三权分置"背景下宅基地使用权的法权构造与制度实现进行探究。

(二) 总体框架

总体来讲,现有立法与现实脱节,一定程度上激化了农户间及城乡土地权利间的利益冲突。传统"两权分立"的宅基地制度有助于保障农民基本居住权利,维护农村社会稳定,但背离了公平和效率价值。宅基地使用权的制度困境应借乡村振兴战略的背景,通过制度设计及规则细化予以解决。本书的写作内容主要包含五大部分:第一部分为导论(该部分对研究的背景、思路和方法予以介绍);第二部分为实证部分,也是本书其余部分的实证基础,该部分包含调研考虑和实证分析两方面内容;第三部分为宅基地使用权流转的理论基础和制度构建部分;第四部分对宅基地流转的方式予以介绍,但并没有将所有的流转方式予以探讨,互换、转让、出租和继承等方式并没有单独作为独立部分进行探究,研究的重点内容放在宅基地使用权的入股和抵押;第五部分是关于宅基地买受人实行异议权的实现的探究。

具体来看,宅基地使用权应突破"人役权"身份限制而采取"地上权"的塑造路径,以回应"三权分置"的政策指引。

首先,尝试将宅基地使用权转化为集体经营性建设用地使用权,逐步实现宅基地使用权处分的"解禁",回归宅基地使用权及农民房屋的财产权本质。

其次,需明确集体所有权主体为集体经济组织,赋予其完整的收益权、处分权和管理权,构建可操作性的权利行使规则。

再次,借宅基地使用权确权登记以确认成员权,将登记作为宅基地使用权的变动要件。

最后，根据城镇规划具体情况划定农户资格权范围，对成员资格的取得标准可考虑户籍、基本生存保障和自然人身份三个事实要素，实行合理范围外宅基地的有偿使用，鼓励农民自愿有偿退出。

(三) 拟突破的重点和难点

1. 拟突破的重点

（1）阐释宅基地"三权分置"的法律意蕴

本书将研究对象限定于"三权分置"背景下逐步放开流转的宅基地使用权，需厘清成员权与社员权之间的联系与区别，界定分置出来的宅基地使用权是一种资格还是概括性权利。在当今宅基地"三权分置"改革背景下，不仅需对宅基地使用权在"三权"中寻找合理定位，阐明成员权与承包权以及资格权间的关系，还需系统概括宅基地使用权的权利内容，划定自益权与共益权分类标准下的各项具体权利，为本书研究奠定起点和基础。（见图1）

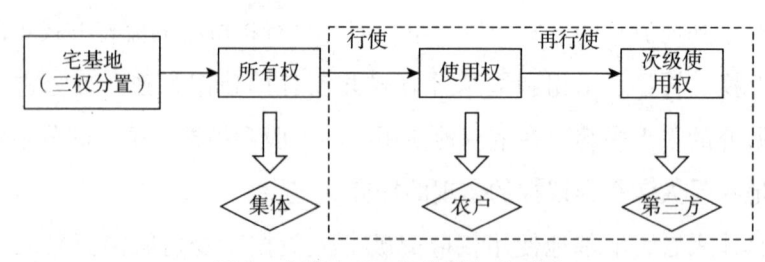

图1 宅基地"三权分置"关系图

（2）深入挖掘农村宅基地制度的困境成因

本书以规范实证分析方法对涉及宅基地使用权的现行法和政策等规范性文本进行系统解读，结合田野实证调研数据和司法裁判实证考察，客观探讨我国宅基地制度面临的现实困境，并深入探寻困境产生的根源。结合价值分析方法，以兼顾公平与效率的价值目标为衡量标准，综合实证研究的结论，系统评价现行宅基地制度的成果与不足，为保障宅基地制度革新找准问题症结所在，以期有针对性地解决完善。

（3）寻求农村宅基地制度革新的法治保障

我国尚未形成系统的宅基地制度革新的配套保障体系，在一定程度上导致农民权益受损，亟须构造配套机制以确保农民权利合理实现。遵循权利构造基本思路，构建资格认定标准及程序，关注流转过程中导致权利产生、消灭的法律事实，确定宅基地使用权流转的原则、主体、程序以及规则，并寻求实体法、程序法的双重救济路径，并形成意志表达和实现机构，促进农民集体意志的有效实现。

2. 拟突破的难点

第一，农村宅基地"三权"以及权利主体之间的关系有待进一步研究。已有的研究，虽然对所有权、使用权、资格权的内涵有较为深入的分析，也注意到农村宅基地存在多元权利，但缺乏对各项权利之间的相互制约、相互作用机制的探讨，以及对各权利主体之间利益关系的系统分析。

第二，农村宅基地"三权分置"改革与乡村振兴关系有待进一步研究。学术界总体上认为农村宅基地"三权分置"制度对乡村振兴战略有促进作用，但停留在两个宏观概念的分析层面，简单认为农村宅基地"三权分置"改革必然促进乡村振兴，未对照乡村振兴五个方面的总要求进行具体分析。对农村宅基地"三权分置"与乡村振兴的关系分析不全面，缺乏正反两方面的辩证分析，对如何构建农村宅基地"三权分置"制度与乡村振兴战略的良性互动关系，未提出行之有效的对策。

第三，宅基地使用权物权变动规则和取得与退出机制还需进一步明确。《中华人民共和国民法典》（以下简称《民法典》）与之相匹配的法律并没有明确宅基地使用权的物权变动规则。赋予财产价值的宅基地使用权的流转功能凸显，需配套设计其物权变动规则，明确是否需要登记以及登记效力问题。农村宅基地的合理退出、补偿机制应当从尊重农民意愿和提高社会保障角度来进行设计。

（四）研究目标

本书秉承公平与效率价值目标，在保障农民成员权前提下，赋予宅基地使用权更多财产性权益。一方面，通过对农民宅基地使用权制度进行系统研究，做好现有农民宅基地使用权规范的解释适用，促进资源有效利用，形成集体成员与农民集体之间权利义务关系良性互动；另一方面，推动"三权分置"背景下宅基地使用权制度在法律层面明确化，落实农民权利主体地位，更好地保护农民成员财产权益，促进农村经济健康发展。以期对相关立法规范设计完善和法律法规的解释适用形成指引和参考作用，并对司法实践有所裨益。

（五）研究创新

1. 次级用益物权

明确"三权"的性质，将宅基地"使用权"定性为次级用益物权，更符合"三权分置"政策的目的，更符合现有的法律体系，避免因性质模糊导致的适用法律和现实的纠纷。

2. 房地分离主义

现阶段"房地分离"更为契合农民住房财产权与宅基地使用权处分权能不同的现实需求。"房地分离"可使非集体成员获得房屋所有权和次级宅基地"使用权"，进一步打通城镇房地交易的壁垒。

3. 登记生效主义

流转主体订立流转合同后，应到农村不动产登记机构办理"使用权"流转登记，未经登记，流转不发生物权效力。

4. 优先取得权

在流转过程中，虽进行了主体突破，但是设立优先取得权。这项权利属于本集体经济组织成员，率先保障本集体经济组织成员的福利。

5. 联村联乡流转

为了解决一户多宅与无地可分的矛盾，也为了保障村民的权益，效仿浙江义乌等地通过跨村宅基地有偿调剂，将无地分配村的农民在其他村通过竞拍等方式获取宅基地，对于有多套宅基地的农户也可以通过有偿退出增加收入。宅基地的跨村有偿调剂通过将宅基地资源跨村互通的方式解决了宅基地资源的供需矛盾，有效保障了农民的住房权益。

三　研究思路与方法

（一）研究思路

本书在对宅基地使用权性质和范畴界定的前提下，遵循从宅基地使用权权利产生到变动再到消亡过程的思路，充分融入田野实证研究和司法裁判考察的现实情况，对"三权分置"背景下宅基地使用权的流转规则、权利行使规则以及权利救济措施进行体系化分析。

第一，本书立足我国特定环境，在乡村振兴背景下明确提出多种新观点。如宅基地"三权分置"中原本基本保障功能由"农户资格权"实现，"宅基地使用权"侧重体现财产权，应实现宅基地使用权去身份化，塑造为"地上权"等。

第二，本书运用实证分析与价值分析相结合的研究范式，对涉及宅基地使用权相关规范性文本进行系统细致的解读。通过问卷调查和个别性访谈形式开展田野实证调研，并梳理我国司法实践中侵害农民宅基地使用权的相关案例，从实证研究中发现问题，提出符合中国国情的系统解决措施。

第三，本书研究整体遵循从解释论到立法论研究进路，具体体现在两方面：一是依循历史实证、法律实证和社会实证之解释论研究进路，解读文本并发现新问题；二是依循价值目标和法技术构成原理之立法论研究进路，提出科学合理的法律对策建议。

（二）研究方法

1. 规范实证方法

为了深入探讨宅基地使用权在我国遭遇困境的根源，本书对我国宪法、法律、行政法规及有关国家政策等规范性文本中涉及宅基地制度内容进行系统而细致的解读，对比分析宅基地制度的分化变迁，剖析宅基地使用权内法权构造和制度基础。

2. 社会实证方法

本书依托烟台大学农村土地法律制度研究中心及烟台大学暑期社会实践"三权分置"下宅基地"使用权"流转问题调研的田野调查数据，深入分析通过问卷抽样调查和针对典型对象个别访谈的形式所掌握的较广泛的一手素材，全面了解宅基地制度在农村社会运行的实然状态，开展对制度问题、成因及基本对策的探求。

3. 司法实证方法

本书对2018年以来最高人民法院，山东省高级人民法院、烟台市中级人民法院以"侵害农村宅基地使用权权益"为案由的纠纷进行类案分析，结合人民法院报以及社会热点案例进行个案分析，提取人民法院在司法实践中处理此类纠纷的裁判倾向，结合司法裁判过程中成员权面临的困境，分析成因后对宅基地制度重新进行综合考量。

4. 价值分析方法

本书坚持以保障农民个体权益的合理实现为指导方针，注重发挥民法的人文关怀。在农村"三权分置"改革实践中，要坚持秉承公平与效率的价值目标，既充分实现土地财产价值彰显效率，同时也要发挥宅基地使用权应有效用彰显公平。

5. 比较分析方法

本书将专注于研究代表性国家或地区的制度文本在土地制度体系以及成员权体系设计上的差异，以功能主义视角加以辨析，从而为我国宅基地使用权制度构建提供有益的域外经验支持。

第一章 宅基地使用权流转的调研考察

农业农村农民问题是关系国计民生的根本性问题。而农村宅基地和住房不仅是农民的基本生活资料和重要财产，也是农村发展的重要资源。全面地调研了解当前我国农村社会在推进宅基地集体所有权、农户资格权、宅基地及农房使用权"三权分置"改革以来的具体实践情况，是解析理论与实践之间的内在逻辑、将制度优势更好地转化为治理效能、进一步完善相关法律制度体系的前提。为此，调研团队在梳理既有的宅基地改革相关法律与政策文件的基础上，在全国范围内开展了三期专题调研活动，对宅基地使用权流转的现实需求及隐藏的一系列法律问题予以归纳和剖析，并提出了有针对性的完善建议。

一 宅基地使用权流转调研背景

（一）政策之推动

农村宅基地是农民手中宝贵的不动产财富以及生存的重要保障，也是促进实现农村一、二、三产业融合发展的有效载体。农村宅基地制度改革伴随着产权细分而演变。从新中国成立至 20 世纪 80 年代，宅基地从私有化阶段过渡到了"两权分离"的探索阶段。改革开放以来，宅基地经历了"总量控制"到"腾退探索"两个发展阶段，真正实现了宅基地所有权和使用权的分离。①

党的十八大以来，我国农村地区"土地改革"的步伐逐渐加快。2018年中央一号文件首次提出宅基地"三权分置"；党的十九届五中全会进一步提出"探索宅基地所有权、资格权、使用权分置实现形式"，明确了我国宅基地制度改革的基本方向和重点任务；2020年中央全面深化改革委员会通过《深化农村宅基地制度改革试点方案》，后批复全国104个县（市、区）和3个设区市为试点，开启了以宅基地"三权分置"为核心的新一轮改革探索。2022年中央一号文件强调：稳慎推进农村宅基地制度改革试点，规范开展房地一体宅基地确权登记；②习近平总书记在党的二十大报告中提出，"深化农村土地制度改革，赋予农民更加充分的财产权益。保障进城落户农民合法土地权益，鼓励依法自愿有偿转让"③；2023年中央一号文件再次强调：稳慎推进农村宅基地制度改革试点，切实摸清底数，加快宅基地确权登记颁证，加强规范管理，妥善化解历史遗留问题，探索宅基地"三权分置"有效实现形式。基于此，农村宅基地问题吸引了越来越多的关注。

农村的宅基地改革涉及农民的自身利益，也关系到我国乡村振兴和城乡融合的发展大局。国家政策的大力支持是加深此方面学理研究、鼓励大胆创新、深化改革效果的重要推动力。

（二）现实之需要

据第三次全国农业普查结果显示，村内"一户多宅"的现象普遍，高达68%的宅基地处于闲置状态，且农村宅基地"线性"和"环状"

---

① 参见王成、徐爽《农村宅基地"三权分置"的制度逻辑及使用权资本化路径》，《资源科学》2021年第7期。
② 参见新华社《中共中央 国务院关于做好2022年全面推进乡村振兴重点工作的意见》，http://www.gov.cn/zhengce/2022-02/22/content_5675035.htm，2022年2月22日。
③ 习近平：《高举中国特色社会主义伟大旗帜 为全面建设社会主义现代化国家而团结奋斗——在中国共产党第二十次全国代表大会上的报告》，人民出版社，2022，第31页。

扩张严重，造成村内住宅荒废，四周新房林立，形成"空心村"，严重影响了土地利用效率。① 并且宅基地缺少具体有效的退出机制，农民并不愿意无偿退出或者有偿退出。另外，2020年，新《中华人民共和国土地管理法》（以下简称《土地管理法》）的出台，要求落实"一户一宅"政策，致使地方政府严格控制新增宅基地占用耕地，需求得不到满足，宅基地紧缺与闲置浪费并存。

中国现行管理规定禁止宅基地使用权向本农民集体之外的主体流转，但这一规定在实践中遭遇了许多挑战。全国各地均不同程度地存在大量宅基地及其上房屋的隐形交易行为，宅基地私自流转的状况比比皆是且屡禁不止，留下了众多产权纠纷隐患。宅基地使用权的登记制度有待完善，在部分农村中存在着宅基地使用权权属不明、对地上房屋及附着物管理缺失等问题，使得有关宅基地的物权纠纷时有发生……宅基地使用权流转的过程尚存诸多阻碍，如若不想使其变成棘手的历史遗留问题，就要尽快着手研判应对措施。

二　调研历程

（一）调研思路

调研分为三个阶段，时间为自2022年5月初至2024年8月底。

第一期调研基于2022年大学生三下乡暑期社会实践，调研地区主要在山东省。山东省作为农业大省，是宅基地"使用权"②试点的几个重要地区之一。由于山东地区有着平原、山地、低洼丘陵等多种地形，

---

① 参见《第三次全国农业普查主要数据公报（第一号）》，国家统计局网站，https://www.stats.gov.cn/sj/tjgb/nypcgb/qgnypcgb/202302/t20230206_1902101.html，最后访问日期：2017年12月14日。

② "三权分置"下宅基地"使用权"并非《中华人民共和国民法典》确立的作为用益物权的宅基地使用权，加引号以区分。

对于中国农村的基本情况有着较为全面的反映，其乡村民间有关宅基地使用权流转出现的问题也具有相对较高的代表性。全省设有二十个农村综合改革试点实验村，经过近年来的发展，积累了许多解决宅基地流转实际问题的经验，对本次调研具有极高的指导价值。

第二期调研阶段将调研范围扩展至全国，以期增强团队调研结论的普适性。宅基地使用权调研队成员兵分五路，通过走访天津市东丽区、河北省邯郸市、辽宁省大连市、浙江省绍兴市、广东省南雄市等多个省市，在探索不同的宅基地使用权流转模式的优势特色的基础上，加以对比、分析、归纳，以期得出兼具全面性与具体性的调研结论。

第三期调研旨在深入探究宅基地"使用权"抵押实施现状，力求发现问题、分析问题并提出优化路径。自农村宅基地"三权分置"政策实施以来，农村宅基地"使用权"抵押作为激活农村土地资产、拓宽农民融资渠道的金融工具，其作用日益凸显。然而，在实际操作中，由于法律制度不完善、市场机制不健全、金融产品设计滞后等问题，宅基地"使用权"抵押面临着诸多困境。山东作为农业大省，各地区经济发展水平和农村改革进程差异较大，对破解宅基地"使用权"抵押困境的需求尤为迫切。因此，团队通过对山东省烟台市牟平区、青岛市莱西市、潍坊市昌邑市、淄博市张店区、滨州市无棣县、济南市历城区等地区宅基地"使用权"抵押面临的困境进行实地调研、政策分析和案例研究，提出可操作性的解决方案，以期为农村金融创新和乡村振兴提供实践经验。

本调研活动围绕"三权分置"下宅基地"使用权"流转的法治革新与制度保障展开，通过省内外实地考察以及数据收集，总结全国各地宅基地"使用权"试点的政策和实施情况，了解村民的真实意愿，探讨宅基地"使用权"法权关系的定性和整体构造，对流转的正当性进行论证，同时分析法律局限与流转困境。团队着眼于法治革新，在坚持"三条底线"不动摇的基础上，借鉴土地承包经营的经验，突破《民法典》的限制，推行"房地分离主义"，从不同的现实条件以及流转方式出发来拓展主体，进行流转模式革新。规范宅基地的流转过程，健全配套保障措施，推动"三块地"联动改革，力求应用于实践并为立法提供意见，推动乡村振兴战略与新型城镇化战略进一步发展。

从现实意义方面来说，调研队走访村庄以及司法机关和律所的目的有以下三点。其一，了解不同地区关于宅基地"使用权"流转问题的政策以及实施情况，通过与村党支部书记交流得知村干部对宅基地使用权改革的不同见解，倾听农民的心声和现实需求，抓住宅基地改革的痛点和难点；其二，借鉴各地区农村发展的经验，力求寻找可以统一推广的措施，助力乡村振兴；其三，推动"三块地"联动改革，为立法以及改革的推行提供建议。

从法学学理方面来说，本团队的调研目的在于厘清政策下宅基地"使用权"的法权关系以及构造，论证流转的正当性，总结流转路径及模式，分析其全国适用的可行性，使宅基地"三权分置"更好地入法，推动法治革新，为全面建设社会主义现代化国家提供有力的法治保障。针对宅基地流转风险，从落实保障和规范流转两个方面探索健全配套措施，从不同的现实条件以及流转方式出发来拓展主体，实现完整的用益物权权能，建立完整可行的退出机制与监督机制，破解宅基地使用权流转过程中的现实问题，让政策红利造福百姓与村集体，力求乡村振兴之路走宽走稳。

因此，调研团队意在通过走访调研，以分发调查问卷、听取专家意见、了解民众呼声的形式对宅基地"使用权"的流转问题进行法律角度的解读，使国家政策从理论上能够得到理论界认同、从推行上能够更加贴合民众的真实需求，助力相关制度更加贴合群众的日常生活，同时解决因规定不明确而引发的实际问题。

（二）调研概况

自 2022 年 5 月至 2024 年 8 月，调研团队共历时 90 余天，采取走访调研与线上调研相结合的方式，了解了山东省、湖北省、东北三省、京津冀地区、江浙地区、西北地区等众多地区的宅基地改革的现实情况，与村民、村委会主任等主体进行交流，共收回有效调查问卷 1000 余份。

1. 第一阶段（2022 年 5 月初至 2022 年 12 月末）

第一阶段的调研是建立在 2022 年大学生三下乡暑期社会实践基础上，经由 2017 年挑战杯国赛二等奖农村土地"三权分置"团队的指导，提出"三权分置"下宅基地使用权流转问题研究课题。经过策划书的筛选与答辩，本项目获评省级及全国社会实践重点团队项目，入围中国光华科技基金会项目，有了较好的开始。调研队出发后，走访临淄区凤凰镇温家村、章丘区三涧溪村、枣庄市山亭区冯卯镇李庄村及温庄村，以及威海市、蓬莱市、泰安市一众村庄，调研范围覆盖鲁东、鲁中和鲁西南等地区；走访烟台市及威海市部分律师事务所；走访枣庄市中级人民法院、荣成市自然资源局等机关。宅基地使用权调研队在调研过程中通过微博、微信、QQ 空间、网站投稿等形式进行全方位的线上宣传，并于中国青年网、大学生网等国家级媒体网站发布文章。

实地调研结束后总结了三涧溪村、李庄村等多种宅基地使用权流转的形式，并与流转地达成定点合作的意向，为后续回访奠定基础。之后就调研过程中发现的实际问题进行讨论，并以实地调研发现的实践中出现的实际问题为导向，对"三权分置"下宅基地使用权法权关系、流转模式、利益分配等学术难题进行专项突破，最终形成了三万六千余字的调研报告。调研情况如表 1 所示。

第一章 宅基地使用权流转的调研考察

表1 第一阶段调研情况表

时间	调研地点	调研经历	调研人员
6.25—6.30	烟台市莱山区	查阅文献与资料，进行宅基地理论研究与实践框架架构； 联络学校与各调研单位，进行实践准备； 走访莱山区农户与相关企业	调研队全体 10人
7.1—7.3	淄博市临淄区	走访临淄区温家岸村村委会了解宅基地现状； 与温家岸村农户交流，了解其遇到的宅基地相关问题； 走访当地龙头企业，了解进行宅基地流转时所遇到的困难	调研队全体 10人
7.3—7.4	济南市章丘区	与章丘区三涧溪村党支部书记探讨宅基地制度改革后三涧溪村的变化； 参观三涧溪村乡村振兴馆，了解本村的改革与发展历程； 走访三涧溪村农户，了解村民经历的宅基地改革	调研队全体 10人
7.5—7.8	枣庄市山亭区、薛城区	走访山亭区李庄村，向村委会与村民了解本村宅基地改革——特色小院； 走访温庄村向村党支部书记了解他对宅基地制度改革的看法与相关意见； 走访枣庄市中级人民法院，向法院工作人员了解宅基地使用权流转相关案件探讨宅基地改革相关问题	调研队全体 10人
7.9—7.10	烟台市芝罘区	走访北京市尚公（烟台）律师事务所，与律师充分沟通，查阅卷宗，了解几年来宅基地使用权流转的相关案件	调研队全体 10人
7.15—7.19	威海市荣成市、乳山市、文登区	走访成山海天律师事务所，与律师充分沟通，查阅卷宗，了解几年来宅基地使用权流转的相关案件； 走访荣成市自然资源局，向工作人员了解本市宅基地改革现状； 走访烟墩角村，向村民了解目前村中宅基地状况； 走访大庄许家村村委会了解本村依据海草房进行的宅基地改革	威海小分队 4人
7.23—7.25	烟台市蓬莱区	走访北沟镇南王绪村村委会了解本村宅基地现状与宅基地改革推进程度； 走访上朱潘村向本村农户了解其遇到的宅基地使用权流转问题	烟台小分队 3人

21

时间	调研地点	调研经历	调研人员
7.31—8.2	泰安市新泰市	走访石莱镇东碾子村农户，了解村民经历的宅基地相关改革	泰安小分队 2人

2. 第二阶段（2023年1月初至2023年2月末）

第一阶段调研的问题在于调研地点主要局限于山东省内各地，山东省虽有20多个农村综合改革试点村，但并不是宅基地改革的主战场。虽然总结了多种流转模式，具有一定的广度，但缺乏普适性。所以，第二阶段调研计划把调研扩展到全国多个地区，力求增强普适性。在宅基地使用权改革试点的江浙地区、京津冀地区、湖北省等地，宅基地使用权调研队探索不同流转模式，并对流转模式进行整合，提出创新观点。团队分成几个部分，以线上线下相结合的方式，走访天津市明华镇、河北邯郸峰峰矿区、浙江省绍兴市上虞区等地，回收调查问卷后，对各地的流转模式进行分析，针对指导性案例进行专题突破，为立法提供建议，最终形成三万余字的报告。调研情况如表2所示。

表2 第二阶段调研情况表

时间	调研地点	调研经历	调研人员
1.4—1.6	天津市明华镇	联络调研单位，进行实践准备；走访相关企业	天津小分队 6人
1.12—1.14	河北省邯郸峰峰矿区	走访当地村庄了解宅基地流转现状；与农户交流，了解其遇到的宅基地相关问题；对话矿区负责人，探索其改革方式	河北小分队 4人
1.16-1.17	辽宁省大连市旅顺口	了解"宅改+文旅+研学+乡村振兴学院"等改革模式；探讨宅基地改革相关问题	辽宁小分队 2人
2.6—2.9	浙江省绍兴市上虞区	与负责人了解"民宿+"产业体系；走访农户，了解村民对于闲置宅基地回收利用的意愿	浙江小分队 4人
2.7—2.8	浙江省舟山市	探索合作开发集体收储，院落优改等模式	浙江小分队 4人

续表

时间	调研地点	调研经历	调研人员
2.10—2.11	浙江省湖州市德清县	了解莫干山镇仙潭村振兴历程，采访村民生活现状； 探讨宅基地改革相关问题	浙江小分队4人
2.13-2.15	浙江省湖州市南浔区	了解当地有偿转让政策； 对话当地村民	浙江小分队4人
2.13—2.15	广东省南雄市古市镇	姚塘村探索建立地票登记，土地入股，按比分红，有偿退出的宅基地增值收益模式	广东小分队3人

3. 第三阶段（2024年7月初至2024年8月底）

随着中国农村改革的深入，农村宅基地"三权分置"改革成为推动农村土地制度改革的关键措施之一。这一改革旨在释放宅基地的融资功能和促进农村经济发展，但在实际操作中遇到了一系列挑战和困境，农民对宅基地的财产权利未能充分发挥，特别是在抵押方面存在法律和政策障碍。在此背景下，本阶段的调研应运而生。通过研究宅基地"使用权"抵押的困境突围，可以为农民提供更多的财产性收入来源，增强其经济自主权；通过探索宅基地"使用权"抵押的可行性和规范性，有助于盘活农村资产，促进乡村振兴；通过分析宅基地"使用权"抵押的可行性和规范性，有助于盘活农村资产，促进乡村振兴；通过研究宅基地"使用权"抵押的困境突围，可以为相关法律法规的完善提供理论依据和实践指导，维护农民基本居住权利、促进社会公平正义、推动法治建设。调研团队期望在各方主体的努力下，能够形成一套完整的宅基地"使用权"抵押法律体系，为农民提供更加明确和稳定的法律保障。通过宅基地"使用权"抵押，农民可以获得更多的资金支持，用于农业生产和其他投资活动，从而提高整体经济效益，最后有效解决宅基地"使用权"流转问题，缓解农民与政府之间的矛盾，促进社会和谐稳定。

通过走访山东省内6个地市，调查了解宅基地"使用权"抵押制度的具体实施情况，结合我国现有宅基地制度和宅基地"使用权"抵押现状，在法律视角下探析如何切实解决宅基地"使用权"抵押制度在试点和实施过程中所遇到的阻力和难题，从而进一步推动资源优化配置。明确在"三权分置"背景下宅基地"使用权"抵押中农民权益保护的法律属性及其功能，利用法律知识为农民权益的保护提供理论支持。与此同时，通过加强宅基地"使用权"抵押制度的宣传与引导，让农民和相关主体充分认识到宅基地"使用权"抵押的意义与价值。

在山东省内6个地市中，青岛市莱西市、烟台市牟平区等地的经济较为发达，城镇化率较高，农村宅基地"使用权"抵押的市场需求旺盛，且已有一定规模的试点基础，便于观察政策实施效果和存在的问题。潍坊市昌邑市作为山东省重要的农业产区，这一地区具有典型的传统农业经济特征，宅基地"使用权"抵押对于补充农业资金、改善农村基础设施具有重要意义，且昌邑市在农村土地制度改革方面有一定的探索，适合进行深层次的问题挖掘和策略分析。滨州市无棣县、济南市历城区、淄博市张店区等地涵盖了山东省内不同经济发展水平和地理环境的农村地区，能够全面反映山东省内农村宅基地"使用权"抵押的普遍状况和特定问题，有助于提炼出更具普适性的解决方案。从鲁东到鲁西南、鲁西北，从沿海开放地区到内陆地区，调研团队通过调研代表性样本，力图深入理解山东省乃至更广泛区域的农村宅基地"使用权"抵押困境以及突围方式，为农业农村现代化贡献力量。调研情况如表3所示。

表3 第三阶段调研情况表

时间	调研（讨论）地点	调研经历	调研人员
7.9	烟台市莱山区	召开集体会议，讨论细节流程等，举行开始仪式	调研队全体8人
7.10—7.12	烟台市牟平区	到达村镇、土地管理单位、农业合作社，分组调查，发放宣传单、访谈等，回收问卷整理信息	调研队全体8人

续表

时间	调研（讨论）地点	调研经历	调研人员
7.13—7.14	青岛市莱西市	分发调查问卷，讲解，举行团队会议讨论总结	调研队全体8人
7.14—7.16	潍坊市昌邑市	分发调查问卷，讲解，举行团队会议讨论总结	调研队全体8人
7.16—7.18	淄博市张店区	分发调查问卷，讲解，举行团队会议讨论总结	调研队全体8人
7.18—7.20	滨州市无棣县	分发调查问卷，讲解，举行团队会议讨论总结	调研队全体8人
7.20—7.22	济南市历城区	分发调查问卷，讲解，举行团队会议讨论总结	调研队全体8人
7.22—7.26	烟台市莱山区	与指导老师交流，根据意见讨论修改方案，弥补遗漏	调研队全体8人
7.26—8.22	烟台市莱山区	召开小组会议，结合资料整合调研成果，讨论研究解决办法	调研队全体8人

（三）调研方法

1. 文献分析法

文献检索和阅读是所有研究工作必须使用的方法。调研团队运用文献分析法对宅基地制度改革、"三权分置"、宅基地使用权流转等相关文献进行梳理归纳和总结。详细研读著作近20部，学术论文180余篇，新闻报道、案例千余篇。

2. 问卷调查法和深度访谈法

调研团队在文献阅读和相关案例研究的基础上形成调查问卷，以拥有宅基地的村民、村集体、合作社（企业）等为研究对象，采用问卷调查及深度访谈的方式进行调研，通过正式的约定访谈、参观和非正式的观察、旁听、闲谈等获取第一手数据。通过实地调研，团队收回有效问卷1000余份，与政府部门访谈8次，与合作社及企业访谈5次，与农户访谈92次。通过"一对一"或者小组讨论的方式与受访者进行深入对话，根据事先准备的问题，例如"是否有村民有宅基地抵押的纠纷""您认为宅基地'使用权'抵押对您是否有必要性"等对受访者进行提问，探究受访者的个人经历和感受，以挖掘有关农村宅基地"使用权"流转的深层次信息。

3. 案例分析法

调研团队通过北大法宝检索宅基地案例，分析总结近几年的司法判决结果，更直观地看出宅基地流转的困境，并提出相应的解决方案。此外，针对农村宅基地"使用权"流转问题，调研团队基于对村集体、农业合作社等相关主体的细致调研和采访，收集和分析了多源数据（如文档、访谈、直接观察等），以掌握当前农村宅基地"使用权"流转的内在机制、因果关系以及特定情境下的发展动态。

4. 统计分析法

在调研成果的分析汇总阶段，团队通过对调研中获得的各项数据的统计与分析，结合不同数据的特点及内容，采用扇形统计图、条形统计图、折线统计图等方法，形成了数据图表，使调研成果可视化。

（四）调研数据分析

1. 流转意愿分析

实践队的调研访谈涉及全国不同地市的宅基地改革试点区域的村庄，共回收问卷593份。受访者平均年龄59岁，60岁以上的受访者超过受访者总数的49%，受访者年龄普遍偏大。综合来看，样本涉及的受访者以中老年为主，职业以务农为主，且受教育水平普遍偏低。

调查数据显示，66.24%的受访者并不知道宅基地"三权分置"政策，29.73%的受访者了解一点，仅4.03%的受访者比较了解。多达70.61%的受访农户认为宅基地归个人所有，仅13.55%的受访农户认为宅基地归村集体所有。对于宅基地流转意愿，经过队员们细致地讲解，村民中有32%的受访者愿意流转，而53%的受访者依然不愿意流转，仍有15%的村民表示不明白流转的政策（见图2）。

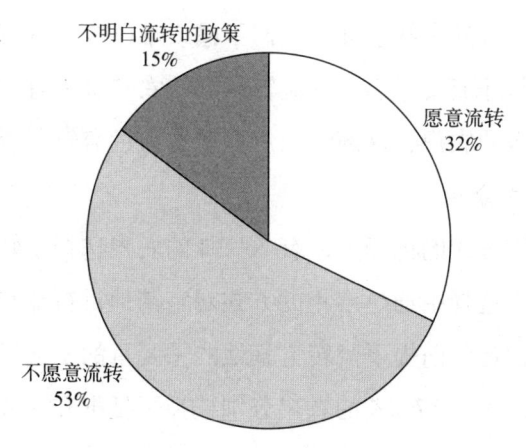

图 2 农户对宅基地"使用权"流转的意愿

样本数据中60.93%农户有1处宅基地，24.52%的农户有2处宅基地，14.55%的农户拥有3处及以上宅基地，拥有2处及以上宅基地的原因多为祖上流传下来或者私自建造（见图3）。

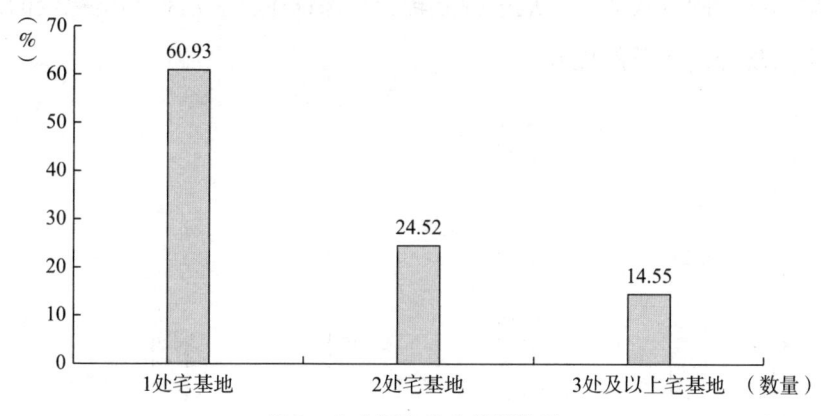

图 3 农户拥有的宅基地数量

调查结果显示，农户的流转意愿与农户对政策的了解程度、拥有的宅基地数量、家庭年收入、文化水平等呈正相关。首先，对农户普及宅基地及其流转相关知识和法律，提高农户对宅基地的了解程度更有利于提升农户的宅基地流转意愿。其次，经济条件与居住保障影响着农户的流转意愿。不愿意流转的农户中，97.31%的农户为一户一宅，且受访者年龄较大，宅基地是其居住和生活的根本保障。对农户来说，受限于文化水平和对政策的了解程度，他们不愿或难以改变现有生活状态，因此不会产生宅基地流转意愿。有流转意愿的农户多为有空闲宅基地或者已经在城镇买房的农户，这部分农户更愿意通过流转获得经济效益。

2. 流转方式分析

农户对流转方式的选择上，有26.2%的农户选择了转让的方式，还有42.5%的农户选择了通过出租的方式对宅基地进行流转，可见农户在自身生活状态稳定的前提下流转宅基地的主要目的是通过宅基地提高家庭收入；有14.1%和17.2%的农户分别选择了抵押和入股的方式对宅基地进行流转（见图4）。农户对宅基地进行抵押的路径并不熟悉且政策不完善，致使选择抵押的农户较少。入股流转对政府或者集体经济组织要求较高，在各地并没有完整的实施路径，村民了解相关政策也较少，因此选择入股的人也较少。根据调查分析可知，农户更多是以收益更快且更加稳定的方式对宅基地进行流转，在保证生活、居住环境稳定的前提下实现经济效益的提升。

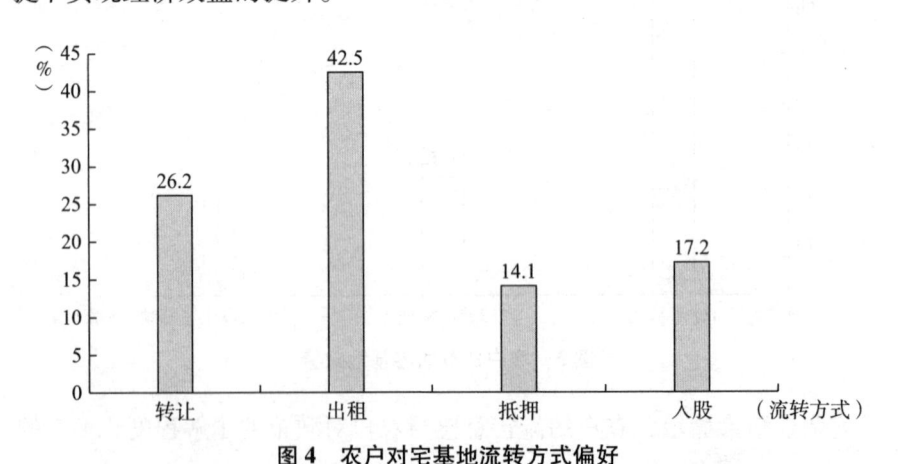

图4 农户对宅基地流转方式偏好

3. 流转模式分析

（1）宅基地"使用权"合营入股代表——山东省济南市

济南市章丘区三涧溪村通过"三变"改革，成立村集体经济股份合作社，村民以宅基地使用权入股，使"资源变资产、资金变股金、农民变股东"（此即"三变"）。此外，三涧溪村还创新推出了乡村振兴合伙人模式，引进骄龙集团作为合伙人经营运作美食街，解决了150多名村民的就业难题（见图5）。

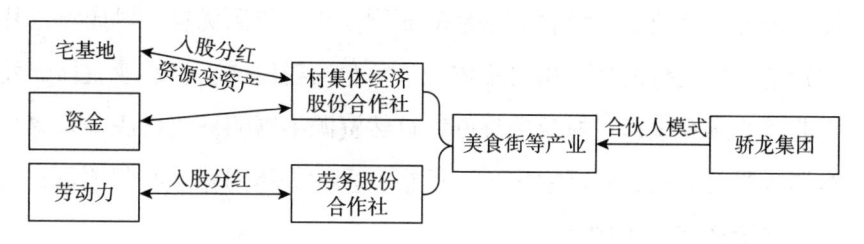

图5　济南市章丘区三涧溪村的"三变改革"与乡村振兴合伙人模式

（2）宅基地"使用权"集中竞拍代表——湖北省恩施州

湖北省恩施州运用拍卖这一形式积极推动宅基地"使用权"流转（见图6）。在龙凤坝镇双堰塘村举行的农村宅基地使用权集中拍卖中，参与竞拍的主体突破户籍限制，新增了"本村集体经济组织成员+外村户籍"的村民。村民递交的申请经村委会初审后，由乡镇统一审批办理。恩施州启动改革试点后，"沉睡的宅基地资产"被唤醒，允许集中竞拍。2022年2月，双堰塘村的5宗土地全部竞拍成功，村集体经济组织赚得的80万元也将用于村基础设施建设以助力乡村振兴。

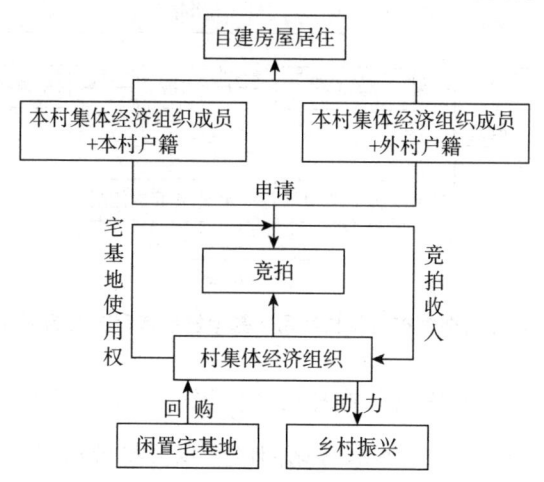

图6　湖北省恩施州的拍卖模式

29

(3) 宅基地"使用权"回收改造代表——河北省邯郸市

河北省邯郸市峰峰矿区的"3+3+5+5"模式是坚守"三条底线"，活用"五种盘活方法"，有效打通"三块地"，使"五方受益"。村集体在回收闲置宅基地后，结合宅基地的面积大小、资源优势，对成方连片的闲置宅基地进行复垦，由村集体统一承包给村民或新型农业主体，发展农业产业园6家；对村位条件好、自然资源丰富的一些村庄，采取盘活利用入股的形式，开展农家乐、民宿、垂钓等休闲体验经营项目，大力发展旅游经济（见图7）。

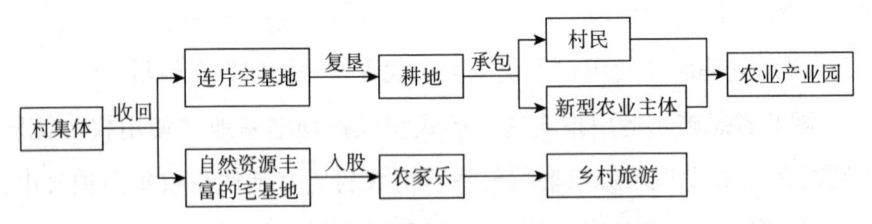

图7 河北省邯郸市峰峰矿区的宅基地流转模式

河北省邯郸市馆陶县房寨镇将闲置宅基地的用途分作两类："致富园"和"爱心菜园"（见图8）。农户的空闲宅基地改造为"致富园"后，可作为股份入股村集体经济合作社，种植作物增加经济收益。

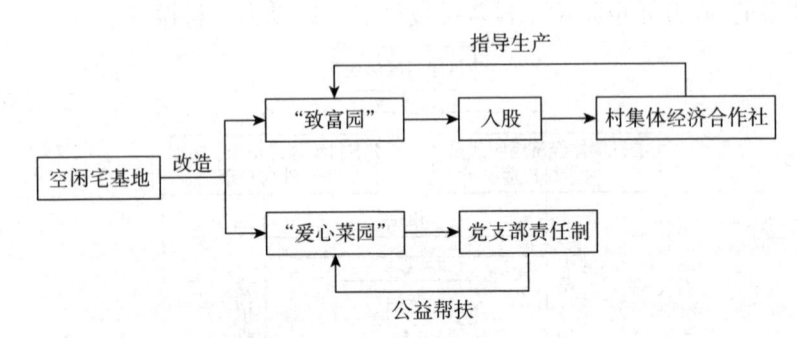

图8 河北省邯郸市馆陶县利用宅基地发展特色农业的两种创新

(4) 宅基地"使用权"委托流转代表——浙江省绍兴市上虞区

农村居民通过农宅经营服务站向区产权交易公司申请进行委托挂牌交易，提交"闲置农房租赁挂牌委托申请书"，并签署"闲置农房租赁挂牌委托协议",区产权交易公司负责交易流转信息的发布、撮合、场所等各项服务。

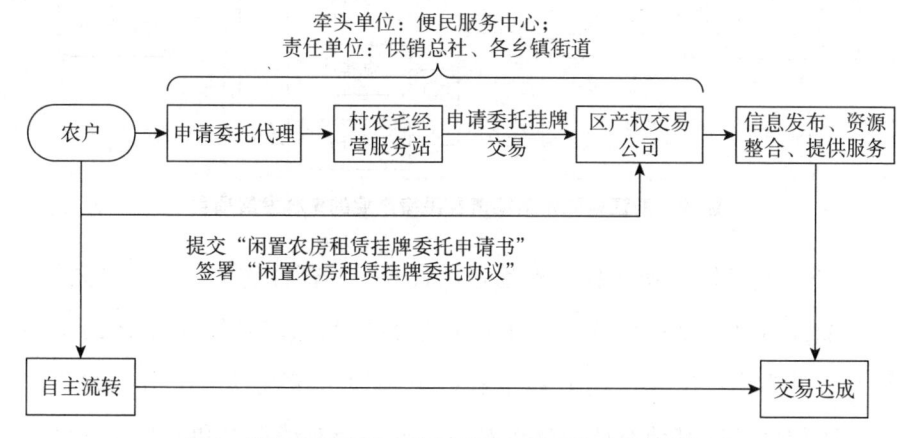

图9 浙江省绍兴市上虞区对于闲置农房流转的新模式

在交易达成后,根据双方签订的流转交易合同办理产权交易鉴证。建立"坚持集体所有、允许上市流转交易"的闲置农房(宅基地)流转新模式,突破闲置宅基地流转身份的限制(见图9)。通过区级产权交易的信息平台,与租赁农房需求实现对接,对手续齐备、建造合法的闲置农房(宅基地)允许合法上市流转交易。

(5)宅基地"使用权"出租自营代表——浙江省湖州市德清县

德清县在全国率先基于"三权分置"的宅基地管理办法,颁发首批宅基地"三权分置"权证,盘活了一批农村闲置宅基地和农房(见图10)。莫干山镇仙潭村民宿产业发展快速,由闲置农房改造而成,风格清新别致。在出租竞拍中德清博兰钢琴有限公司中标一处占地500平方米、长期荒弃的老房子,随即将这座老建筑改造成集生产销售、钢琴文化体验于一体的琴坊。陆续有人以租赁形式对二都老街旁的38户农房重新规划修缮,改造成商铺、咖啡厅等设施。

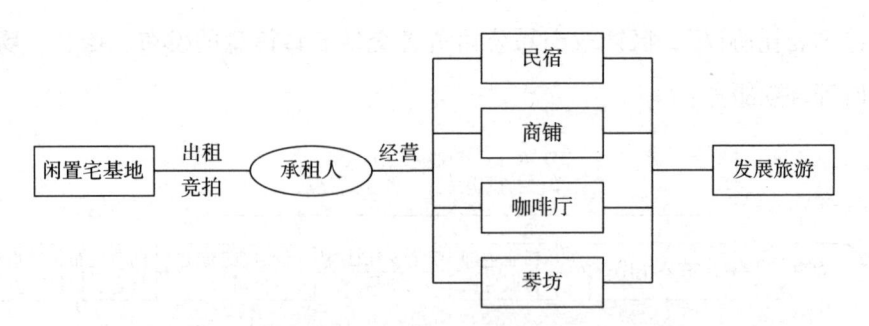

图 10　浙江省湖州市德清县民宿产业的多样发展项目

（6）宅基地"使用权"有偿退出代表——浙江省湖州市南浔区

浙江省湖州市积极探索"鼓励依法自愿有偿转让"宅基地的实践路径，并在南浔区 4 个村开展了农村宅基地自愿且有偿退出的改革试点。南浔区的宅基地有偿退出机制包含宅基地有偿腾退和宅基地资格权退出两个内容，具体细化为退出全部宅基地使用权和退出部分宅基地使用权两个选项（见图 11）。

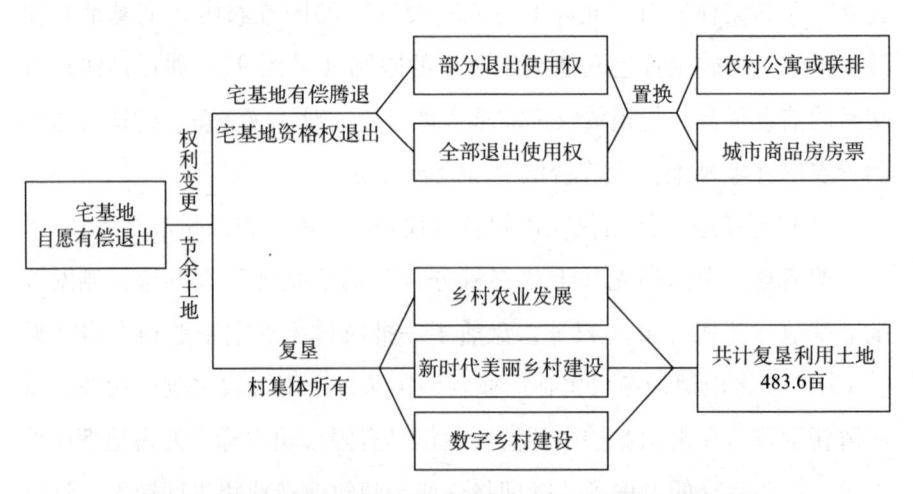

图 11　浙江省湖州市南浔区在宅基地退出机制中的具体举措

（五）调研总结

1. 汇总与整理

第一，召开调研团队总结大会，队员整理并依次汇报本次社会实践所获成果以及个人感想，进行成果汇总并形成初期社会实践成果报告。

第二，对《关于加强农村房屋建设管理的指导意见》《关于积极稳妥开展农村闲置宅基地和闲置住宅盘活利用工作的通知》《中央农村工作领导小组办公室、农业农村部关于进一步加强农村宅基地管理的通知》等政策性文件再次进行有目的性的阅读，形成完整报告书。

第三，将相关的采访文案、照片、录音、视频等分别按照调研对象的不同进行整理，将调研过程中所发放的问卷调查（纸质版与网络调查问卷）进行数据统计和分析，并撰写实践活动总结性调研报告。

2. 成果形成

第一，结合不同地区、不同社会背景，总结不同地区的农村宅基地"使用权"流转的具体情况和推行阻碍，以及各方主体之间的权利义务分配等存在的问题，并提出改进措施。

第二，结合指导老师意见，明确宅基地"使用权"流转的现实障碍和推行问题，以及其在学理和实践中的解决方式和具体实施路径。与此同时，对调研报告书进行反复修改并撰写论文报告。论文中着重体现了以下内容：调查过程中是否切实体会到宅基地"使用权"流转的现实需求以及推行障碍，由此是否产生了保障公民权益、减轻国家负担，以及提高土地资源的利用效率、降低当前社会土地资源内耗等有益的效果和作用。

第三，根据汇总整理的数据和调研所得成果，讨论并记录想法、建议，同时反思不足，为下一次实践调研的开展奠定良好基础。

三 宅基地使用权流转正当性论证

（一）宅基地使用权流转的合理性

1. 法治乡村建设与国家相关政策、制度的保障

我国总体上进入"以工促农、以城带乡"的发展阶段，党中央实

行"工业反哺农业、城市支持农村"的方针,我们认为现阶段宅基地流转制度的改革应当同时保障宅基地的财产性和福利性。如果允许流转,农民就可以获得更多收益,其权益也将会得到最大化的保障,从而促进法治乡村的建设。2020年全国人大通过的《民法典》只对承包地"三权分置"进行了规范,但对宅基地"三权分置"未作回应,尚未体现较多的改革成果。[①] 2021年中央一号文件中指出,将探索宅基地"三权分置"作为重点,进一步推进改革试点工作。

2. 土地承包经营权改革的成功实践提供借鉴

自2015年起,我国开始逐步开展农村"三块地"改革试点,即农村土地征收、集体经营性建设用地入市以及宅基地制度改革试点。宅基地使用权与承包地经营权都是设立在农村集体所有的土地上的用益物权,二者设立时的目标都是正确处理农民和土地的关系,因此二者存在一定的相似性。其中有关土地承包经营权的改革成效显著,实现了撂荒土地的高效利用和农村土地的高效流转、集合,从而更好地促进了中国农业现代化的生产。将农村宅基地"三权分置"改革的相关举措对标承包地中的部分改革举措是合理的,将更有利于提高农村宅基地的使用效率、优化土地资源配置,推进农村土地制度改革。

3. 放活"使用权"促进农民增收、土地资源利用

在推动乡村振兴战略的背景下提出的适度放活宅基地使用权的目的是在实现农民居住保障的基础上促进增收,而不是仅仅促进农民增收,促进农民增收是这一政策的红利而非根本目标。[②] 若无法保障农民最基本的居住权,则会给宅基地福利保障属性带来不小的冲击。这样的放活宅基地使用权思路是建立在《民法典》确立的农村土地权利体系之下

[①] 参见《国务院关于农村土地征收、集体经营性建设用地入市、宅基地制度改革试点情况的总结报告》,中国人大网,http://www.npc.gov.cn/npc/c2/c12435/c12491/201905/t20190521_271085.html,2018年12月23日。

[②] 参见杨雅婷《〈民法典〉背景下放活宅基地"使用权"之法律实现》,《当代法学》2022年第3期。

的，是以承包地"三权分置"和集体经营性建设用地入市制度为基础并统筹衔接的。放活使用权是为了解决宅基地和农房等土地资源浪费的问题，通过适度流转促进土地有效利用。由此可见，对宅基地使用权流转的改革存在合理性。

（二）宅基地使用权流转的必要性

我国农村宅基地改革作为乡村振兴的重要一环，对于乡村中诸多难以调和的矛盾能够起到缓冲与调节的作用。现如今矛盾较为突出，宅基地使用权流转的改革迫在眉睫。

1. 宅基地"一户多宅"与"新户无宅"的矛盾

我国农村地区历史遗留问题较多、实际情况较为复杂，宅基地改革的执法与监督机制并不健全，"一户一宅"的政策并没有得到良好的推行。早年间，村民出于自身利益需要，不经审批扩建房屋，造成了大量的"一户多宅"现象。近年来，随着国家对于宅基地政策的完善，此现象有些许减少，但仍然存在。村民通过继承、赠与、遗赠等方式取得宅基地，但因周边环境及交通等原因多闲置。同时，"一户多宅"现象也让村集体可供审批的宅基地数量明显不足，许多村落到了无地可分的程度。宅基地"只分不入"，长此以往，村集体在保障耕地的同时很难再为新户提供新的宅基地。进行宅基地制度改革，将闲置的宅基地资源重新流入村集体，将大大解决该矛盾。

2. 农民增收刚性需求与农民增收渠道狭隘的矛盾

我国作为农业大国，农民数量多，但整体来看，农民的收入水平偏低。随着经济迅速发展，城乡收入差距呈扩大态势。从全国范围来看，外出务工仍是农民最主要的获得收入方式，农村老家难有"立足之地"。其一是由于近几年我国智能化的发展，农民的工资性收入难以提高且面临失业风险，同时经营性收入也较难增长。其二是由于农村投资环境较差，诸多产业难以落户乡镇，农村发展动力不足，财产性收入与转移性收入在农民收入中占比不高。宅基地制度改革能将闲置资源转换为经济利益，能够有效增加农民的财产性收入，拓宽农民的增收渠道，满足农民对增收的向往。

3. 城市化进程加快与乡村发展缓慢的矛盾

我国存在发展不平衡、不充分的现状，城乡收入差距明显，城市地区在就业、教育、医疗等方面存在优势，吸引了大批农民进城务工落户，形成了"宁要城市一张床，不要农村一栋房"的社会现实。通过调研可以发现，农民具备落户城市的能力后，绝大部分人不会选择再回农村，此现象反映出农村大量宅基地遭到了闲置，农村空心化现象严重，进一步恶化了农村的经济环境。乡村振兴、农民增收需要农业农村全方位的发展，一方面，宅基地制度改革能够增加农民收入、拓宽农民增收渠道，另一方面，企业、集体等主体参与宅基地制度改革后亦会创造出诸多工作岗位、带动相关产业发展，对于乡村发展具有正向影响。

四 宅基地使用权流转的革新困境

（一）法律之局限

宅基地"三权分置"的立意初衷是细分土地私权进而扩大宅基地使用权的权利内容以实现其合法顺畅流转。此前，法律体系下的"宅基地使用权"还停留在与宅基地所有权相分离的阶段。此时，宅基地使用权虽被涵盖在"用益物权"之中，但其收益权能却被刻意回避而导致了有别于传统大陆法系的用益物权。[1]

《民法典》第363条规定"宅基地使用权的取得、行使和转让，适用土地管理的法律和国家有关规定"，该条规定并没有对我国的宅基地

---

[1] 参见李丽等《"三权分置"背景下宅基地使用权流转的法学视角再审视》，《中国土地科学》2020年第3期。

使用权流转问题进行更为明确的解释。而在现行的法律体系之中，仅仅是对农户流转宅基地使用权后产生的相应法律后果（不予再次批准宅基地）进行阐释。现行《土地管理法》第 62~65 条对土地的使用方式进行了限制，但此类规定其实也只是从土地类型不变的角度进行规范，以保证耕地面积不变。

《土地管理法》中没有明确禁止城镇居民购买宅基地房屋的规定，所以司法裁判多引用政策性文件，导致法院在审理有关案件时，经常出现"同案不同判"的现象。宅基地使用权流转因各种原因出现纠纷，如果是在宅基地和其上的房屋财产需要一起流转且流转给本集体经济组织的情形下，法院一般都会认定转让有效；当宅基地使用权流转给非本集体经济组织，大部分法院会认定转让行为无效。

以下是对 2018~2021 年宅基地使用权转让纠纷案例的分析（见表 4）。

表 4 宅基地使用权转让纠纷案例的分析

审结时间	案件字号	纠纷产生原因	转让是否有效	审判依据
审结于 2020 年前	福建省莆田市城厢区人民法院（2018）闽 0302 民初 4474 号	宅基地使用权人将宅基地使用权转让给非本集体经济组织成员	无效	宅基地使用权转让给非本集体经济组织成员，转让行为无效
	辽宁省凌海市人民法院（2019）辽 0781 民初 2657 号	宅基地使用权人子女将宅基地使用权转让给本集体经济组织成员	无效	宅基地使用权人有权要求排除妨害、返还土地
审结于 2020 年后	山东省乳山市人民法院（2019）鲁 1083 民初 1257 号	宅基地使用权人将宅基地使用权转让给非本集体经济组织成员	无效	宅基地使用权转让给非本集体经济组织成员，转让协议无效
	河南省漯河市源汇区人民法院（2019）豫 1102 民初 3473 号	宅基地使用权人将宅基地使用权转让给本集体经济组织成员	有效	宅基地使用权转让协议系真实意思表示，且不违背法律法规的禁止性规定，属有效协议

续表

审结时间	案件字号	纠纷产生原因	转让是否有效	审判依据
审结于2020年后	广东省佛山市南海区人民法院（2019）粤0605民初21004号	宅基地使用权人将宅基地使用权转让给非本集体经济组织成员	无效	宅基地使用权转让给非本集体经济组织成员，转让协议无效
	广东省中山市第二人民法院（2021）粤2072民初1656号	宅基地使用权人将宅基地使用权转让给城镇居民	无效	宅基地使用权转让给非本集体经济组织成员，转让协议无效
	湖南省祁东县人民法院（2021）湘0426民初2006号	宅基地使用权人将宅基地使用权转让给非本集体经济组织成员	无效	宅基地使用权转让给非本集体经济组织成员，转让行为无效

（二）理论之争论

理论界在宅基地"三权分置"方面尚存有诸多争议。例如，学者在对宅基地的"使用权"进行定性的问题上存在分歧。有观点认为，从宅基地使用权分离出来的使用权在性质上亦应定性为物权性权利，而非债权性权利；[①] 有学者通过法定租赁权的创设将宅基地使用权定性为债权；[②] 还有学者认为宅基地的使用权应定性为在宅基地使用权上新设用益物权性质的次级使用权。[③]

同样，由于目前宅基地"三权分置"的法权构造以及流转路径不够明晰，对资格权的认定较为模糊，学者们对宅基地资格权性质的认定也存在很多争议。目前理论界主要有使用权说、成员权说、剩余权说三种理论。使用权说认为，资格权就是原来的宅基地使用权；[④] 成员权说

[①] 参见席志国《民法典编纂视域中宅基地"三权分置"探究》，《行政管理改革》2018年第4期。

[②] 参见陈小君《宅基地使用权的制度困局与破解之维》，《法学研究》2019年第3期。

[③] 参见赵新潮《"三权分置"背景下宅基地流转制度的反思与重构——基于法定租赁权设想之审视》，《社会科学战线》2021年第2期。

[④] 参见席志国《民法典编纂视域中宅基地"三权分置"探究》，《行政管理改革》2018年第4期。

认为资格权应是一种成员权，只要成员权在，在法定条件下，就可申请一定面积的宅基地；①而剩余权说则认为，宅基地"三权分置"中的资格权只是宅基地使用权人在让渡一定年期的使用权之后，对原有宅基地的剩余权。②由此可见，学者们对宅基地"三权分置"中的细节有着各自的观点，需要更多新观点的汇入。

（三）流转之困境

1. 流转的限制条件过多

回顾宅基地60多年制度沿革，宅基地制度在宅基地申领和流转方面以限缩适格主体为发展趋势。③在当下，社会环境与农民需求已由"重安稳"转向"求发展"。而20世纪产生的以"限"求稳的政策发展趋势，难以给予社会主体与农户在宅基地利用方面充足的自由选择空间。

同时，在流转的具体方式中，租赁流转涉及租赁期限的问题。若以《民法典》第705条规定的20年为限，则难以符合农村用地规划，不能满足乡村振兴对于长期建设和持续发展的需求。在流转的适格主体中，仅可流转给本村经济组织成员，因其购买力不足，转出方增加的收入较少，也难以实现闲置资源充分利用。

2. 流转的配套措施不完善

厘清法权关系是宅基地流转政策平稳落地的前提，完善制度运行的配套机制则是宅基地有效流转的实际保障。

反观现状，在流转开始之前，部分农村存在确权模糊、宅基地面积测量资料不够完整、地上房屋及附着物未登记等问题，继而在后续流转

---

① 参见宋志红《宅基地"三权分置"的法律内涵和制度设计》，《法学评论》2018年第4期。
② 参见李凤章、赵杰《农户宅基地资格权的规范分析》，《行政管理改革》2018年第4期。
③ 例如，1963年《关于各地对社员宅基地问题作一些补充规定的通知》中，"宅基地使用权"被首次提出，并被加以"各户长期使用，长期不变"的身份限定；2004年《关于深化改革严格土地管理的决定》禁止城镇居民在农村购置宅基地；2008年《关于金融促进节约集约用地的通知》禁止以宅基地上的房屋开发和购买为目的进行融资；2013年《关于坚决遏制违法建设、销售"小产权房"的紧急通知》禁止宅基地跨集体组织流转。

中引发纠纷;① 在流转过程中,存在村集体参与程度不够、流转资格审批流于形式、缺乏规范模式和有力监督的情况。宅基地流转呈现"集体不依法,农户不懂法"的混乱局面。而宅基地相关管理部门权能分散、农村缺乏统一交易平台的问题,进一步加大办理交易手续的难度,引发农户对依法交易的抵触情绪。

3. 隐形流转引发纠纷不断

宅基地使用权隐形流转既是现存流转困境之果,亦进一步加重流转之负担。在法律及相关规范性文件明令禁止的前提下,隐形流转屡禁不止,所引发的纠纷也见诸报端。隐形流转规避了政府对于宅基地流转的管理。"无效"合同无法明确宅基地使用权及其上房屋的权属,无法保障交易各方的权益。

五 宅基地使用权流转的机制完善

(一) 明确宅基地"三权"法权关系

宅基地"三权"性质与关系如图12所示。

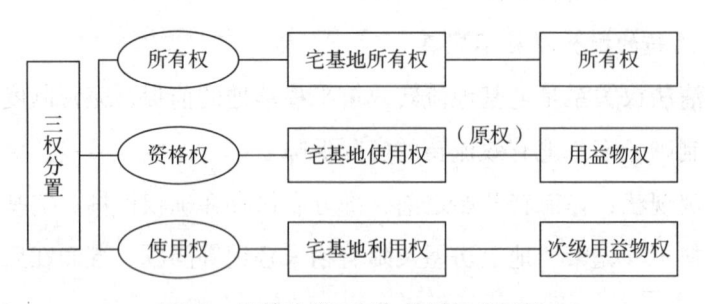

图12 宅基地"三权"性质与关系图

---

① 参见林津等《宅基地"三权分置"制度改革的潜在风险及其管控》,《华中农业大学学报》(社会科学版) 2022年第1期。

1. "三权"的性质

(1) 宅基地所有权

宅基地所有权是宅基地"三权分置"中的根本和基础。所谓"三权分置"中的所有权，就是物权上的农民集体依法对自己的财产享有的占有、使用、收益和处分的权利。至今，不论是现行法律中宅基地所有权与使用权"两权分离"的法律构造，还是政策领域内宅基地所有权、资格权与使用权"三权分置"的法律构造，改革底线仍是坚持宅基地的集体所有制不动摇。[①] 现行法律规定宅基地属于农村农民集体所有的，由村集体经济组织或者村民委员会代表集体行使所有权，遵循"村民自治"的原则。

(2) 宅基地资格权

"三权"下的资格权，其法律地位相当于中国法律意义上的宅基地使用权，属于用益物权。宅基地资格权是指农户基于集体经济组织成员的身份享有的在本村集体土地之上建造宅基地及其附属设施的他物权，其具有明显的身份与福利属性，政策意图是在赋予物权完整权能且发挥宅基地财产价值的同时强化农户专享权利，做好福利保障。宅基地资格权的概念包括两个方面：一是农民可以根据宅基地资格权要求农村集体经济组织无偿分配宅基地；二是农民可以通过抵押、入股等形式将宅基地资格权转让给市场，以宅基地资格权为基础进行租售并取得相应的财产收益。宅基地资格权既是农民请求其所在的集体经济组织分配宅基地的资格，也是农民把自己所拥有的宅基地使用权放入市场交易之后，从宅基地使用者手中收回宅基地的一种权利。

(3) 宅基地使用权

经过实践探索以及汇总多方学者、法律工作者的意见，本团队将宅基地"使用权"定性为次级用益物权，原因有三：其一，宅基地制度

[①] 参见李丽等《"三权分置"背景下宅基地使用权流转的法学视角再审视》，《中国土地科学》2020年第3期。

与土地承包经营制度改革具有极大的相似性，该"使用权"相当于非集体经济组织成员享有的"经营权"，属于资格权下派生的次级用益物权，即应该界定为"他人通过民事契约等法律事实所获取的使用权"；其二，政策的立意初衷是细分土地私权进而扩大宅基地使用权的权利内容以实现其合法顺畅流转，①从而在保障的基础上赋予宅基地"使用权"完整的物权权能；其三，政策中分置出来的使用权在效力上要强于宅基地使用权，不受宅基地使用权的约束，且不受20年租赁期的限制，采用登记生效要件，能够产生稳定的利用关系，保障权利人之间形成一种和谐、长久、稳定的宅基地使用关系，催生实际利用者对宅基地长期、稳定的投入。

2."三权"的关系

从产权架构方面来看，将宅基地产权细分为农村集体组织层面的所有权、具有集体成员属性的资格权、具有开放性特征的使用权。从产权关系方面来看，所有权是"三权分置"制度中另外两类权利的基础，资格权附属于所有权，是集体成员特有的具有福利性质的权利，不可转让与交易，同时还具有封闭性。使用权是"两权分离"迈向"三权分置"的重要突破口，脱离了集体成员属性，具有了可进入市场交易的开放性属性。②落实宅基地所有权就是要明晰和规范其归属主体，这是"三权分置"制度的根本保障；规范资格权的确认标准和保障集体组织成员的基本权利，这是"三权分置"制度的基本前提；以不同流转方式放活使用权，是"三权分置"制度的有效实现路径。针对宅基地的三种权利进行分别规定，实质上是健全了当前已有的宅基地政策，而非对该政策加以否认。"三权分置"使得宅基地运转更加高效，其价值可

---

① 参见温世扬、韩富营《从"人役权"到"地上权"——宅基地使用权制度的再塑造》，《华中师范大学学报》（人文社会科学版）2019年第2期。

② 参见王成、徐爽《农村宅基地"三权分置"的制度逻辑及使用权资本化路径》，《资源科学》2021年第7期。

以在更大方面体现出来，而且与之前实施的"两权分离"体系并不矛盾。

（二）推行"房地分离"主义

现行法律并未明确规定宅基地使用权流转应适用"房地一体"主义。"房地一体"主义在《民法典》中见于第357条、第397条，其规制对象均为建设用地使用权。而当下，宅基地流转过程中的房地关系仅由部分规范性文件①加以规定。理论界对于能否直接移植"房地一体"原则至宅基地立法领域亦存在极大争议。

回顾我国土地法的历史沿革，宅基地使用权的制度设计具有极强的计划经济色彩。主流观点认为，宅基地使用权不过是身披私权外衣的社会保障的替代品，充当着社会治理手段的角色。② 在宅基地财产权日益得到重视的今日，法律规范应及时根据立法目的和社会需求之更替而进行调整。基于《民法典》第231条，农户多为自费修建宅基地上的房屋，自事实行为成就而获得宅基地房屋所有权。随着我国市场经济的发展，宅基地上房屋所有权的有偿性和宅基地使用权的无偿性之间的矛盾越发突出。

在宅基地流转领域采取"房地一体"主义，其实践弊端有二：一是杜绝了社会资本合法盘活宅基地资源；二是助长了农民工"新生代"闲置农村宅基地。在其他方式流转的情形中，流转方先取得宅基地使用权而附随获得地上房屋所有权，为"房随地走"；而在继承方面，宅基地使用权附随房屋所有权而转移至农户子女所有，采取"地随房走"的处理方式。农户们宁愿闲置房屋也不愿放弃这项应得财产，而"死资产"也难以在非自居用途下生财。政策层面只在继承这一非交易背

---

① 例如，《国土资源部关于进一步加快宅基地和集体建设用地确权登记发证有关问题的通知》规定："各地要开展房地一体的农村权籍调查，将农房等宅基地、集体建设用地上的定着物纳入工作范围。"

② 参见朱庆育《民法总论》，北京大学出版社，2013，第464页。

景之下才承认"地随房走",此等特殊化的处理使宅基地使用权旋即成为"鸡肋"化的权利。①

房地所有权涉及集体公有宅基地与农民私有住房,权利主体本就不一致,现阶段"房地分离"更为契合农民住房财产权与宅基地使用权处分权能不同的现实需求。② 首先,"房地分离"可使非集体成员获得房屋所有权和次级宅基地"使用权",进一步打通城镇房地交易的壁垒。其次,在抵押中,便于设定多样的抵押方式③,解决农户因资金不足难以利用宅基地等问题,拓宽农户融资途径。

在宅基地使用权领域采取"房地分离"主义,持稳了焕活闲置宅基地资源和发扬宅基地保障功能的天平,其改革成果便于激活宅基地上房屋所有权的私权利属性,解宅基地"使用权"流转之禁。

(三) 突破流转主体资格限制

宅基地"使用权"流转对主体要求严格,淡化其限制流转的属性是如今的发展趋势,但并不代表着立刻、直接、不加限制地开放。我国农村社会较为复杂和多样,宅基地的价值也有很大的差别,"一刀切"的政策会导致主体利益诉求难以满足,所以应该在把握地区差异的基础上对不同流转方式的流转主体适当解禁。

1. 从流转方式的角度看主体突破

在转让的方式下,现行法律规定,宅基地使用权只能内部转让给本

---

① 参见张波《农村集体土地权利"鸡肋"化的解决路径探析——以进城农民市民化成本障碍及其解决为视角》,《政治与法律》2013年第12期。
② 参见张淞纶《房地分离:宅基地流转之钥——以宅基地使用权继承之困局为切入点》,《浙江大学学报》(人文社会科学版) 2022年第1期。
③ 以浙江省湖州市德清县的改革成果为例,德清县出台《德清县鼓励银行业金融机构开展宅基地使用权(农房财产权)抵押贷款的指导意见》,允许一定条件下流转、抵押宅基地"使用权",提供"宅基地'使用权'+房屋所有权""宅基地'使用权'+房屋使用权"和"宅基地'使用权'"三种抵押方式,主要面向农民和民宿业主等企业法人或其他经济组织。

集体经济组织成员,对于已有房屋的农户不允许继续购买农房。宅基地身份限制主要是针对初始取得时,而对于转让方式中的受让主体无限制之必要。[1] 只要流转双方意思表达真实,都应当准许其进行流转,符合意思自治原则。但可设立优先取得权,这项权利属于本集体经济组织成员,率先保障本集体经济组织成员的福利;设立取得顺序,以本集体经济组织、村集体经济组织、非本集体经济组织成员、城镇居民和企业等为顺序,实现分级流转,率先保证居住的用途。

在继承的方式下,集体与非集体组织成员应该享有平等继承并登记宅基地使用权的权利。非本集体经济组织成员不享有宅基地使用权的成员福利,有期限继承宅基地使用权。同时,为落实集体所有权,防止村集体的宅基地所有权虚置、流失,非本集体成员不能无限期占有宅基地。对于非本集体经济组织成员继承宅基地使用权的使用期限,可以参考试点地浙江义乌的做法:使用权以 70 年为限,若在 70 年内宅基地上建筑物倒塌消失时,由继承人选择是否整修或重建房屋,若选择整修依然以 70 年为限;若选择不整修,继承人丧失宅基地使用权,宅基地由集体收回。

在抵押的方式下,可以借鉴以上做法并出台"全国农民住房财产权抵押贷款办法",主体应该规范为拥有农民住房所有权或宅基地资格权、使用权。应同时符合以下条件:具有完全民事行为能力,无不良信用记录;用于抵押的房屋所有权及宅基地使用权没有权属争议,依法拥有政府相关主管部门颁发的权属证明,且未列入征地拆迁范围,所在的集体经济组织书面同意宅基地使用权随农民住房一并抵押及处置;以共有农民住房抵押的,还应当取得其他共有人的书面同意。

2. 从区域差异的角度看主体突破

在传统农业区,人口较为集中,农村排外心理较强,想要大规模推

---

[1] 参见刘芙等《农村宅基地使用权流转现状与对策》,《农业经济》2017 年第 8 期。

行向外流转并让企业入驻较为困难,① 流转主体可以以内部流转为主,辅之联村流转,以解决经济组织之间或者内部资源调剂的问题。在资源较差的中西部地区,不应该强行开发,可以通过以下两种方式来实现其价值:其一是挖掘当地得天独厚的气候等地理优势,以特色农产品实现宅基地的价值;其二是通过用地指标的转移为城市建设提供支持。

对于宅基地使用权开发需求较大的地区,要考虑客观实际和政策的阶段性差异,分步骤分阶段,逐步扩大适格主体。可以采取对外合作方式,鼓励农民与集体经济组织、社会投资主体等合作,以宅基地"使用权"入股发展乡村旅游项目、农家乐、民宿酒店等经营性用途的新产业。在资源较好的东部地区或者沿海地区,可以利用城市近郊或者风景名胜,挖掘其资源来实现宅基地的价值。如果不分情况地照搬某种特定的模式,极有可能造成"水土不服"的后果。

（四）剖析不同流转模式利弊

为更细致具体地归纳分析全国各地在宅基地使用权流转实践中所采取的不同模式,下文将对本次调研数据进行归纳分类,以试点地实践为基础,抽象出各种模式的主要流转框架和特点,并试图分析不同模式的利弊。

1. 集体组织模式

该模式指的是由村集体牵头主导,村组织作为全体农户的代表,通过对宅基地使用权的合理规划保证全体农户的合法利益。村集体多以经济合作社的形式参与宅基地流转,形成"转出方——村集体经济合作社——转入方"的格局,如山东济南章丘区三涧溪村、河北省邯郸市馆陶县房寨镇等地便是采取此种形式。在河北省邯郸市峰峰矿区、北京市等地,村集体回收宅基地后,针对该宅基地的位置、面积、周边资

---

① 参见李玲玲、贺彦菘《城乡融合发展中宅基地使用权流转的必要限制与合理扩张》,《西北农林科技大学学报》（社会科学版）2022 年第 3 期。

源、村内规划等因素决定是否复垦或通过入股的形式参与休闲农家乐等产业的经营，从而达到创收目的，将闲置宅基地盘活。

2. 政府主导模式

该模式是指各级政府主动地参与到农村宅基地使用权的流转中来，以其公信力为依托，通过统一的政策制定与适度的财政支持，在宅基地流转中发挥主要作用，形成"政府主导——多方参与——宅基地流转"的局面。例如天津市蓟州区、东丽区和山东省枣庄市薛城区等地，政府农业部门牵头制定闲置宅基地交易机制，在政策方面，简化手续以方便流转。当地政府根据本地情况为宅基地流转提供专项资金，引导金融部门积极向流转方提供相关倾斜。

3. 市场引导模式

该模式指宅基地的流转更看重市场导向，政府在流转过程中仍需要制定相关政策保障流转的正常运行。在重庆市、湖北省恩施州、浙江省绍兴市等地都有体现，如重庆的"地票"制度将闲置的宅基地用以复垦，或经一系列程序将宅基地改为建设用地用以企业生产。部分试点地成立专门的产权交易公司，建立动态信息库，利用公司的形式将转出方与转入方精准契合，达到利益最大化。部分地区采取拍卖的形式，参与竞拍的主体突破限制，允许外村村民参与竞拍，在经当地政府审批同意后，进行统一竞拍，能满足各方需求。

4. 农户自流转模式

该模式是指农户不借助政府、集体、公司或者其他平台而进行自主流转，农户将宅基地作为自有财产从而进行处分。例如浙江省义乌市建立地价标准体系，对宅基地进行评估，从而可以参与银行的贷款抵押活动，以获得资金从事其他事项。该方法虽然未得到现有法律法规支持，但其自由性高，也是一种不可忽视的流转方式。

（五）化解宅基地供需端矛盾

"一户多宅"是指以户为单位的权利主体，同时拥有两处或两处以上的宅基地。中国自1998年起实行"一户一宅"制度，但随着政策的推行，因继承等原因"一户多宅"的问题普遍地出现在中国广大农村地区，严重影响了可供审批的宅基地的面积，进一步导致产生了农村宅基地审核难，农民无地可批、无地可用的现象。

　　解决无地可批的难题，首先，要建立宅基地有偿退出机制。对于"一户多宅"应当积极探索建立宅基地有偿退出激励机制。当前中国宅基地退出机制仍处于探索阶段，如何确定宅基地补偿范围和补偿标准等问题成为制度设计的难题。对此各地政府应根据实际情况制定一套统一、完善的标准，形成根据房与地的共同价值以及各地的实际情况对农民进行补偿的制度，再在自愿原则和保护农民利益的前提下，由政府或村集体牵头鼓励拥有多套宅基地的农户退出其闲置宅基地。其次，推动和鼓励宅基地在村集体内和村集体之间的流转。对于村集体之内的宅基地的流转，应简化流程，使有多处宅基地的农民将宅基地转让或出租给暂无宅基地的农户，以实现一户多宅与无地审批之间矛盾的化解；对于村集体之间的宅基地流转，浙江义乌已经率先做出了实践。义乌通过跨村宅基地有偿调剂，将无地分配村的农民在其他村通过竞拍等方式获取宅基地，对于有多套宅基地的农户也可以通过有偿退出增加收入。宅基地的跨村有偿调剂通过将宅基地资源跨村互通的方式解决了宅基地资源的供需矛盾，有效保障了农民的住房权益。再次，加强对农民政策知识及法律方面的普及。根据实践队的调研可以看出，农民对政策的了解程度，影响了农民对宅基地流转或退出的意愿，让农民多了解"一户一宅"的政策、宅基地流转以及有偿退出机制，可促进宅基地流转、减少闲置资源的浪费；最后，政府加大资金支持，为宅基地退出提供保障。宅基地退出过程中，一方面，需要对农民退出的宅基地和房屋进行补偿；另一方面，需要对农民退出的宅基地进行再利用，也需要相当多的整治费用。可以适当引入其他社会资金对宅基地退出进行支持，鼓励企业积极参与宅基地项目整理利用，允许企业对部分其出资的宅基地就地利用，拓宽宅基地退出的投资融资渠道，盘活闲置宅基地和推动乡村经济发展。

当前，中国的宅基地制度改革仍在不断探索与推进之中，通过试点与对实况的探讨制定对应政策，对农村宅基地开展综合整治，统筹解决宅基地"一户多宅"、面积超标、宅基地闲置等问题。

（六）认定房屋买卖合同效力

在城乡二元结构松动、宅基地财产价值凸显的背景下，社会主体参与宅基地房屋买卖的现象屡见不鲜。行为前置，而相关法理却迟迟无法厘清。各地法院在处理宅基地房屋买卖诉讼时，适法不一、裁判各异，难以平衡纠纷中的各方利益。[1]

现行《土地管理法》颁布后，法院多以其第 62 条第 1 款否认宅基地房屋买卖合同效力。该条款的立法初衷为打击"一户多宅"、保障"户有所居"，并非禁止宅基地及地上房屋转让。对于否认宅基地房屋买卖合同效力这一判断，并无妥当的法律规范以作支撑。"公序良俗"一词具体到宅基地领域，则侧重凸显宅基地使用权的保障功能。买卖双方因自发趋利心态而产生的宅基地房屋买卖纠纷昭示了社会风俗的变化，亦是对旧有经济秩序的冲击。而该行为的屡禁不止，也印证了针对宅基地和地上房屋的管理"宜疏不宜堵"。

在宅基地使用权"三权分置"的改革中，一味固守禁止让与的政策惯性无法真正起到维护农民利益的作用，甚至不能给相关各方和整个

---

[1] 例如，在广东省广州市中级人民法院（2015）穗中法民五终字第 3521 号民事判决书中，法院基于《土地管理法》第 63 条的规定，认定《协议书》（实为宅基地房屋买卖合同）无效，要求出售方退还购款，买方无权取得涉案房屋所有权；同时，也有法院认为在合同已经实际履行后，原告主张合同无效，违背诚信原则，且《土地管理法》第 63 条的规定旨在禁止农村集体土地改变用途转化为建设用地，而宅基地本身就是建设用地，交易不存在转化情形，双方合同不违反国家禁止性规定。

社会带来任何正面利益。① 以法理逻辑的正确性为起点，反观地价上涨所致的"诚信缺失乱象"，② 承接农户增加财产性收益的理性需求，改革后的司法实践应承认宅基地上房屋买卖合同的效力。

（七）健全流转配套保障措施

形成收益大于风险的流转成效，是推进宅基地"使用权"流转政策落地的关键。宅基地"使用权"的放活需在稳定中实现，构建经济效益与保障功能并重的天平，通过相应的制度设计和基础保障来实现制度改革之目的。③ 宅基地"使用权"流转的配套保障措施如图13所示。

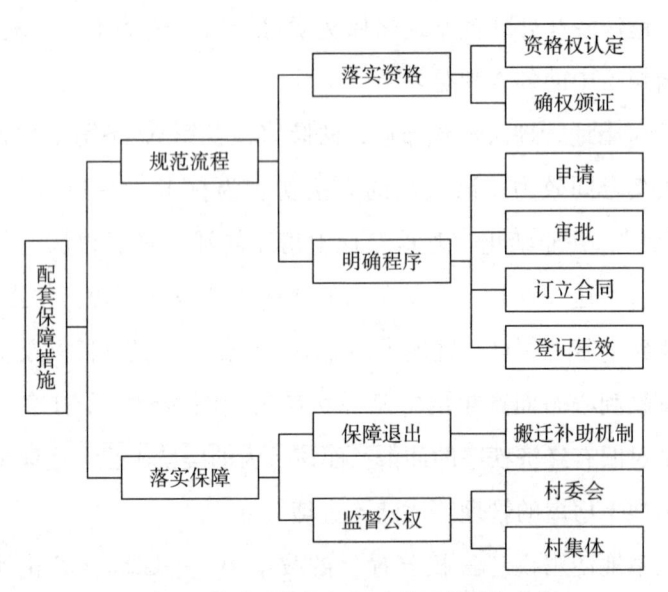

图13 宅基地"使用权"流转配套措施示意

---

① 参见王卫国、朱庆育《宅基地如何进入市场？——以画家村房屋买卖案为切入点》，《政法论坛》2014年第3期。
② 征收、拆迁为近年来农地价格飞涨的原因之一。调研发现，90%以上主张宅基地上房屋买卖合同无效的诉讼原告为出卖方，且合同双方在签订合同时属真实意思表示，且均知晓国家法律及相应法规政策对农村宅基地房屋交易的限制性规定。而在房价、地价上升后，出卖方临时变意的行为，显失公平，造成社会诚信缺失。
③ 参见温世扬、韩富营《从"人役权"到"地上权"——宅基地使用权制度的再塑造》，《华中师范大学学报》（人文社会科学版）2019年第2期。

1. 落实资格——确权颁证稳流转

产权明晰为流转的前提。从"两权分离"到"三权分置",资格权承接集体组织成员的身份性,应保障居住之需而生。宅基地"使用权"流转所带来的经济利益恐催生违法占地、违法审批、超规模建房等乱象,动摇农户资格权,增加宅基地流转过程中的不稳定因素。

为从源头上保证宅基地于约定期限内有效流转,应强化对宅基地产权来源的审核,明确农民具有参与宅基地"使用权"流转的资格权。针对前期宅基地登记工作中存在的漏记、错记、房地登记分离等问题,在一地推行流转制度前,必须摸清家底、处理历史遗留问题(例如因各种原因形成的一户多宅、面积超标、违章占用、私下交易等),并通过全面的确权颁证明确权属。① 作为农民集体让渡土地所有权的对象,村集体经济组织应联合当地不动产登记部门承担此审批与确权义务,应于流转制度施行前组织人员开展现场查验,落实房地权属合法证明,对未登记在案的宅基地使用情况及时备案,对已登记在案的宅基地权属、界限、面积等再次核验。

2. 明确程序——登记生效促公开

宅基地流转开禁预示着宅基地作为一项财富得以进入产权交易市场。无论是从农村用地安全和宅基地社会保障功能考虑,还是从公平市场交易的一般需求出发,都应强调与宅基地流转交易安全关联的制度设计。②

首先,应明确流转程序。流转"使用权"应充分调动农户与社会主体贯彻意思自治原则的意识,故应保留流转主体主动向宅基地所在地的集体经济组织申请"使用权"流转的流程。流转主体应在申请的同时提交身份证明、营业执照和不动产权证书等相关材料以备查验。为顺应市场交易习惯,应简化审批程序,形成一站式服务。不同于宅基地申

---

① 参见宋志红《宅基地使用权流转的困境与出路》,《中国土地科学》2016年第5期。
② 参见陈小君《宅基地使用权的制度困局与破解之维》,《法学研究》2019年第3期。

请须核查产权归属，宅基地"使用权"的流转在资格权确权完备的保障下，乡镇政府和村级组织可将审批权授权给集体经济组织，简化审批程序。参考山东青岛的相关管理办法，流转主体在经过集体经济组织批准后，即可订立流转合同。

其次，应统一流转过程中的登记制度。流转主体订立流转合同后，应到农村不动产登记机构办理"使用权"流转登记，未经登记，流转不发生物权效力。宅基地"使用权"的流转应采用"登记生效主义"。社会主体于登记时，取得宅基地"使用权"。我国的不动产统一制度规则，决定了宅基地"使用权"的流转应经登记后方可生效。同时，为进一步增强流转透明度，打击"隐形流转"现象，登记机构须在登记凭证上注明宅基地处于流转状态并明确该宅基地的使用用途。

3. 保障退出——完善搬迁补助机制

推进农户参与宅基地退出机制，为当下盘活闲置宅基地的有效路径之一。强制退出主要涉及在法定情形下县级以上人民政府无偿收回宅基地使用权的情形。宅基地使用权人有意长期闲置、逾期未使用宅基地，本村集体经济组织收回宅基地，有其正当性。[①] 故强制退出模式不涉及农户退还宅基地使用权后的保障问题。而在有偿退出模式中，农户自愿将其宅基地使用权交还集体，失去宅基地的居住保障功能和财产收益能力。为弥补此减损，应确定补偿内容，规范相关补偿标准，调动农户退还闲置宅基地的积极性。可以借鉴天津市以宅换房的措施，或者浙江义乌跨村跨镇安置的措施。

4. 监督公权——村民共督促廉洁

为及时跟进流转程序，对村民自治组织和相关机构的临时性"放权"已成为必然。在此情形下，规范公权力边界，建立监督机制切实保障了农户与参与流转的社会主体的利益。

[①] 参见高圣平《宅基地制度改革试点的法律逻辑》，《烟台大学学报》（哲学社会科学版）2015年第3期。

村民委员会作为基层自治组织,其行为选择也最能反映农民之利益所向。村委会协助乡镇政府开展工作,与政府工作关系密切。村委会在保持群众性的同时,又兼具行政性,故应由村委会统领村级宅基地"使用权"流转的监督工作,其主要监督对象为农村集体经济组织,考察集体经济组织是否存在失职渎职、以权谋私等损害流转成效的行为。

当前,基层农村存在村委会、农村集体经济组织人员混同、权责界限不清的问题。应将村委会的职权范围限定于行政工作领域,而顺应村集体经济组织前身为人民公社的历史沿革,将其职能限定于本村经济建设、招商引资等领域。村委会与村集体经济组织权责的划分也符合全国"政企分开"的大环境,具有合理性与可行性,为监督机制的构建奠定基础。

在利益分配上,村集体从农户与社会主体处收取一定比例的流转收益后,应将收益用于农村公共服务。基于我国农村资源分布不均、发展水平各异的现状,应赋予集体经济组织制定使用规则的权利。同时,在整体架构方面,应防止农村集体经济组织对所获收益的贪污腐败行为,可参照《土地管理法》中对集体经济组织处分集体经营性建设用地的规定,采取"须经集体经济组织成员的村民会议三分之二以上成员或者三分之二以上村民代表的同意"的制度,保障集体收益为民而用。

《民法典》赋予农村集体经济组织法人资格,明确了集体经济组织与其成员之间的财产相互独立、责任相互独立、意思相互独立的责任关系。[①] 农村集体经济组织有关宅基地"使用权"流转的决定,应经法定程序形成。同时,要保证对宅基地工作做到公开透明,及时向集体成员公示村内宅基地流转情况,保障农民的"知情权",发挥集体成员自身的监督效用。

---

① 参见李永军《集体经济组织法人的历史变迁与法律结构》,《比较法研究》2017年第4期。

第二章 宅基地使用权流转的实证分析

宅基地是农村土地的重要组成部分，在宅基地"三权分置"改革中，落实宅基地集体所有权是底线，保障宅基地农户资格权是根本，而放活宅基地和农民房屋"使用权"是重点和核心。探索不同的"使用权"流转路径为放活宅基地"使用权"的主要途径。2023年中央一号文件指出，深化农村土地制度改革，扎实搞好确权，稳步推进赋权，有序实现活权，让农民更多分享改革红利。在一定程度上说，农村宅基地使用权的流转，是物权平等原则的体现，更是资源充分利用的实现。

本书借鉴了国内外宅基地使用权的相关理论，加之实地调研的数据，对宅基地"使用权"流转的正当性进行论证，探讨宅基地"使用权"法权关系的定性和整体构造，分析各地的流转模式，提出创新性的观点，对宅基地流转中的风险提出保障措施，推动"三块地"联动改革，为国家宅基地"使用权"流转问题的立法和制度建设提供建议。

一 典型案例分析

（一）凤凰归巢——原村集体成员"回乡"，有偿使用宅基地

20世纪90年代初，追随改革开放的时代红利，被束缚于土地的农民走上自主择业之路，城乡二元结构所衍生的城市户口与农村户口，则

成为判断某人是否享有宅基地使用权的主要界分。大量农村人口进城，造成了大量宅基地的闲置和资源浪费。在开始二期调研前，团队成员心中便有一个疑问：放活宅基地"使用权"流转，是否可以带动原村集体成员返乡，进一步盘活资源，促进乡村振兴？

调研团队在贵州省遵义市湄潭县找到了问题的答案。沿江村村干部介绍，在2022年10月，沿江村完成了全省首例"非集体经济组织成员'回乡'有偿使用宅基地"的创新工作。结合宅基地申请人原籍系湄潭县九坝公社团山大队（现石莲镇沿江村）、申请人因学迁出户口等客观条件，了解到申请人拆除父母留下的破旧老木房、重建"黔北民居"的心愿，村、镇审查同意申请人有偿使用宅基地。在颁发仪式上，村股份经济合作社董事长与申请人签订了宅基地有偿使用协议，申请人向村股份经济合作社递交了农村宅基地使用承诺书、黔北民居户型房屋设计图和施工合同，石莲镇人民政府负责人向申请人颁发"农村宅基地批准书"，同意申请人有偿使用160平方米宅基地，使用期限为70年。

紧跟改革试点的脚步，离开家乡36年的申请人获得湄潭县非集体经济组织成员"回乡"有偿使用宅基地的首份"农村宅基地批准书"。湄潭县的创新之举既点燃了申请人回乡做贡献的一腔热血，又为推动人才返乡创业、唤醒沉睡资源提供了宅基地制度改革方面的新思路。凤凰归巢，建设家乡。经过在湄潭县的走访，团队成员见到了宅基地"三权分置"改革对乡村振兴的贡献。

（二）整改乱象——农村宅基地共建房屋纠纷

在湖北省恩施州，调研团队听到这样一种说法——"湖北有座悬崖上的小城，一到夏天就住满重庆人"。经了解，当地人议论的是利川市苏马荡地区。苏马荡位于北纬30度，海拔1400多米，森林覆盖率达70%，夏季最高气温只有25摄氏度。苏马荡凭借其得天独厚的自然环境与气候条件，吸引无数"苦暑久矣"的重庆人前来避暑。苏马荡原有的房屋面积和基础设施却无法满足大量外来游客的需求。部分游客和开发商利用法律空白，与苏马荡地区的村民达成协议，在宅基地上合建房屋，以供居住和旅游揽客之用。

苏马荡地区自身的优良资源条件和宅基地使用方式的特殊性，吸引团队成员探访调研。来到苏马荡后，团队成员走在两车道边的狭窄人行道上，看着路两边高楼林立的景象，惊诧于当地的宅基地开发程度。成员向某饭店老板询问情况得知，饭店所在的这一栋楼，一层为饭店日常所用，二层为老板住所，三层至四层则开展民宿出租服务。而老板作为村集体经济组织的成员，在创业之初，是和外地的亲朋一起投资建成了这一栋楼。而《土地管理法》禁止非本集体经济组织成员取得宅基地使用权。共建人中只有本集体经济组织成员一方能取得宅基地使用权证和房屋产权证，另一方对房屋的权利则处于不确定状态。在这种情况下，如何保障房屋权利不确定一方的利益呢？经过询问，老板举例道，在宅基地上共建房屋确实容易产生纠纷。前几年也存在共建后当事人产生嫌隙，城市户口的共建人要求分割共建房屋的情况。纠纷矛盾多了，来当地买房的人就少了，以致现在有很多房子卖不出去了。

为进一步了解情况，团队成员到利川市自然资源和规划局进行调研。相关负责人解释，我国的法律、行政法规并未禁止非本集体经济组织成员取得宅基地上房屋；若农民与非本集体经济组织成员在农村宅基地上共建房屋时约定了房屋产权分配份额，则此类共建合同可以认定为合法有效，城市户口的共建人能取得共建房屋分得份额的所有权。负责人也承认，这种方式是宅基地上共建房屋产生纠纷后的解决措施，具有滞后性。当务之急是规范使用权的流转方式，预防私自流转等不规范行为，减少宅基地流转过程中的乱象。

利川市苏马荡的宅基地使用情况，多为村民、社会主体自发行为，缺乏对应法律支撑、有关部门引导。苏马荡凭借其自然资源所焕发的巨大经济活力令人可喜，但其形成的宅基地"隐形交易市场"也敲响了警钟。若不审查流转对象、规范流转途径，一味解宅基地流转之禁，将会引发社会资本对现有农村土地格局的冲击，制造多重纠纷，消耗社会各界对于宅基地"三权分置"改革的信心。

（三）完善备案——重复拥有宅基地纠纷

走访过程中，村民张某向团队成员倾吐一桩烦心事。张某于半年前听闻同村村民李某在出售宅基地，便与李某签订了宅基地使用权转让合同。张某以5万元购得此块宅基地。完成登记手续后，张某就兴致勃勃地在该块宅基地上建房。而此时邻居王某则出面阻止张某建房。张某一气之下将邻居王某以侵权为由诉至法院，请求排除妨碍。按要求办理了宅基地使用权转让手续的张某却被告知自己无权取得宅基地使用权，其建房的愿望只能暂时搁置。

出售方李某在已有宅基地的基础上，后又取得一处宅基地。而《土地管理法》第62条规定："农村村民一户只能拥有一处宅基地，其他宅基地的面积不得超过省、自治区、直辖市规定的标准。农村村民建住宅，应当符合乡（镇）土地利用总体规划，并尽量使用原有的宅基地和村内空闲地。农村村民住宅用地，经乡（镇）人民政府审核，由县级人民政府批准；其中，涉及占用农业用地的，依照本法第四十四条的规定办理审批手续。农村村民出卖、出租住房后，再申请宅基地的，不予批准。"由此可知，李某不应获得两处宅基地的使用权。张某和李某签订的转让合同也因违反法律强制性规定而无效。而李某取得两份宅基地使用权，追究到底，是村内宅基地确权备案工作不到位导致的。宅基地无法查清来历，打乱了村内的宅基地使用规划，也损害了像张某这样不知情交易者的利益。为从源头上保证宅基地于约定期限内有效流转，应强化对宅基地产权来源的审核，明确农民具有参与宅基地"使用权"流转的资格权。

（四）持续赋能——出售后宅基地闲置现象突出

为充分了解经济发达地区的宅基地使用权流转情况，团队成员来到试点地区之一的北京市昌平区。在去往香堂村村委会的途中，团队成员看到了北京的标志性住宅——四合院。结合当下的"民宿热"，团队成员形成了"利用好京郊宅基地，可以发展民宿行业，持续营收"的想法。

团队成员向村委会工作人员分享了想法后，工作人员却告知，香堂村存在与上述相悖的情况。工作人员介绍道，香堂村的宅基地买卖主要表现为地上房屋交易，宅基地使用权在房屋交易过程中发生附随转移。香堂村宅基地买卖比例高达35.8%，交易多发生在村集体与城镇居民之间，房屋类型为村集体在2002~2010年开发建设的四合院，主要位于居民点的中北部。据调查，北区124套四合院绝大多数都已售出。在调研到的34处已售房屋中，处于闲置状态的有18处。香堂村交易后的宅基地闲置状况仍然严重。房屋卖出后，宅基地的利用现状与购房目的有关。香堂村正在使用中的宅基地，购房者多为北京市城镇居民，因香堂村具有较好的区位和环境条件，购房者为养老居住在此购房。仍在市区生活的、短期回乡居住的购房者均在一定程度上造成了宅基地的闲置，并未利用宅基地持续创造收益。同时，还有多数购房者以投资房地产为目的，打算择机高价转手，将其作为资产增值的重要手段，并未真正入住建设。

唯有做到可持续发展，乡村振兴之路才能走得稳固、长远。针对香堂村的情况，团队成员认识到，乡镇机关应在宅基地使用权流转过程中，充分考察流转项目的经济价值。若流转后宅基地及地上房屋仍闲置，则只是使村民在短期内获得一笔资金，未考虑乡镇发展的长远利益。

（五）确权登记——流转中仅有口头协议纠纷

团队成员在广东省调研时，某村党支部书记反映了一个问题——大多数农民法律意识淡薄，宅基地使用权流转过程中出现很多不规范操作。有一位村民看宅基地"三权分置"改革开始试点，私自与邻村村民协商对换宅基地。宅基地对换后，双方都按互换到的宅基地使用权对宅基地实施管理，一直以来都没有异议。但前不久，邻村地价上涨，对方以未办理转让登记为由，要求该村民归还目前使用宅基地。

《民法典》规定，已经登记的宅基地使用权转让或者消灭的，应当及时办理变更登记或者注销登记。同时，《中华人民共和国农村土地承包法》（以下简称《农村土地承包法》）中对土地承包经营权的互换也要求签订书面合同。土地为不动产，宅基地使用权的流转也应及时签订书面合同，办理登记手续。部分农民法律意识淡薄，往往依据习惯进行口头约定。当下土地资源的价值日益焕发，多有出卖后反悔、意图收回宅基地使用权或宅基地上房屋的出卖人。政府应及时加以宣传引导，同时明确流转流程，以便规范流转宅基地使用权，减少纠纷的发生。

（六）规范程序——共有财产共同处分与及时办理过户登记手续

在山东省泰安市新泰市石莱镇东碾子村，团队成员发现，该地交通比较便利，但交通设施仍存在开发空间，村中土地也大多为农业用地。在这样一片位置极佳且发展潜力无限的地带，土地又将发挥出怎样的效益？在了解当地宅基地使用权流转的相关情况时，调研团队得知一个典型案例。刘某与程某欲进行宅基地使用权的转让，且已签订了宅基地转让的协议，但此协议并未经程某的妻子及子女同意。协议约定，程某将自己的宅基地转让给刘某，刘某一次性付清转让款40000元，宅基地内房产、院内树木全归刘某，双方不得反悔，宅基地使用费由刘某承担。刘某以现金形式向程某履行交付义务后，要求程某立即履行交付宅基地及房屋，而程某收款后至今未履行交付义务。当天，在未经共有人王某同意的情况下，程某又与刘某重新达成了价款为46000元的宅基地买卖协议。王某认为刘某与程某新签订的宅基地买卖协议未经共有人同意，该协议无效。

争议焦点：新签订的宅基地买卖协议效力如何？

宅基地使用权转让需要登记，采取的是登记生效主义。已经登记的宅基地使用权转让或者消灭的，应当及时办理变更登记或者注销登记。《民法典》第209条规定："不动产物权的设立、变更、转让和消灭，经依法登记，发生效力；未经登记，不发生效力，但是法律另有规定的除外。依法属于国家所有的自然资源，所有权可以不登记。"同时，《民法典》第301条规定："处分共有的不动产或者动产以及对共有的不动产或者动产作重大修缮、变更性质或者用途的，应当经占份额三分之二以上的按份共有人或者全体共同共有人同意，但是共有人之间另有约定的除外。"

由于宅基地使用权证书未办理过户手续，且房屋、树木为家庭共有财产，程某转让共有财产未经其他共有人同意，共有人事后也未追认，该合同违反了法律强制性规定，属于无效合同。

（七）宣法入户——强化"一户一宅"意识，增强村集体流转参与度

团队成员在山东省枣庄市山亭区李庄村进行了详细的实地调查，随着调研过程的深入，团队成员对于宅基地使用权流转的现实困境也有了逐渐深刻的认识与反思。

经过调研，团队了解到这样一个事例。该村村民冯某与卢某签订了宅基地使用权租用协议书，约定卢某将一块面积约300平方米的宅基地转让给冯某永久使用。后卢某一直未将此块土地交付给冯某，冯某在支付价款后才发现上述土地不具备法律规定的转让条件。

虽然双方当事人是同村村民，但涉案宅基地使用权是集体经济组织成员享有的权利，与特定的身份关系相联系，未经村集体经济组织同意不得私下转让。而且，冯某在签约前已在本村分配了宅基地，故其向卢某购地的行为违反了农村村民一户只能拥有一处宅基地的规定，因此，该宅基地使用权租用协议书为无效合同。

总之，宅基地使用权的流转是一个对于现有资源进行整合利用的过程，每个环节都要求参与者具有一定的专业性，这对参与农地入股的农民、集体、合作社都提出了一定要求。但因各地经济发展水平的差异以及服务行业发展水平不均，部分地区缺少专业资源，偏远乡村尤甚。缺乏良好的领导与指导，最终导致宅基地使用权的流转并不能在所有农村地区顺利实施。为了解决以上问题，需要多方面的配合。

（八）改革成果——宅基地使用权的跨集体经济组织转让

原告赵某甲系原告赵某乙与赵某丙之子，赵某丁系原告赵某乙与赵某丙之女。原、被告及赵某丙、赵某丁均系集体经济组织成员。原告赵某乙、赵某丙与被告方签订了名为借款实为宅基地转让协议，约定被告方将位于××街道××村××地转让给原告赵某乙及赵某丙，原告赵某乙及赵某丙依约付清了购房款。嗣后，原告赵某乙及赵某丙在涉案宅基地上出资建造了房屋，并占有管理使用至今。六年后，赵某丙过世，赵某丁自愿放弃涉案不动产中归属于赵某丙份额的继承权，涉案中赵某丙的份额由原告方继承。现涉案不动产权证初始登记已经可以办理，但被告方至今未协助原告方办理不动产初始登记及转移登记手续。

双方签订的借款协议，系名为借款协议实为关于宅基地使用权转让的协议，除虚假记载而应认定无效外，其余内容均系双方的真实意思表示。该宅基地转让属于义乌市行政区域范围内跨集体经济组织的转让。最高人民法院发布的《第八次全国法院民事商事审判工作会议（民事部分）纪要》第19条规定，在国家确定的宅基地制度改革试点地区，可以按照国家政策及相关指导意见处理宅基地使用权因抵押担保、转让而产生的纠纷。《民法典》第 7 条规定，民事主体从事民事活动，应当遵循诚信原则，秉持诚实，恪守承诺。当事人应当按照约定全面履行自己的义务。当事人应当遵循诚实信用原则，根据合同的性质、目的和交易习惯履行通知、协助、保密等义务。赵某乙、赵某丙已付清宅基地转让款，履行了本方合同义务，且已在涉案宅基地上出资建造房屋并居住使用至今。故赵某乙、赵某甲主张被告办理案涉不动产初始登记，并协助赵某乙、赵某甲办理转移过户登记手续的诉请，于法有据，应予支持。

（九）裁判冲突——社会主体农村购房的效力探析

杜某某诉吴某某等农村房屋买卖合同纠纷案中，[①] 杜某某在向吴某某等二人购买其农村房屋后，主张该合同无效。法院认为根据"地随房走"原则，农村房屋买卖必然涉及宅基地转让；宅基地使用权是农村集体经济组织成员享有的权利，非本集体经济组织成员无权取得或变相取得。判定房屋买卖协议违反了《土地管理法》的强制性规定，因而无效。法院判决房屋买卖协议无效的核心依据是，宅基地使用权享有主体只能是本集体经济组织成员，转让给集体经济组织外成员被禁止，按照房地一体原则，农村房屋买卖必然涉及宅基地使用权转让，故农村房屋买卖行为也被禁止。

相同情形，有的法院持完全不同的裁判立场。王某某等与李某某宅基地使用权纠纷案中，[②] 双方当事人于 2000 年签订宅基地使用权转让合同时并非同村村民，但法院认为合同已经实际履行，原告主张合同无效，违背诚信原则，且《土地管理法》第 63 条规定旨在禁止农村集体土地改变用途转化为建设用地，而宅基地本身就是建设用地，交易不存

---

① 参见湖北省秭归县人民法院（2012）鄂秭归民初字第 00780 号民事判决书。
② 参见河南省焦作市焦山区人民法院（2013）山民二初字第 00463 号民事判决书。

在转化情形,被告李某某也是农村人口,双方合同不违反国家禁止性规定。

经过团队成员对这两种裁判结果的分析与讨论,队员认为对于"宅基地只能内部转让"的条件仅适用于初始取得的情况,而对于取得以后,使用权主体限制完全无必要,只要流转双方意思表达真实,都允许其进行流转,这样才符合意思自治的原则,可以充分体现宅基地的财产性质,对于提高农民的财产性收入也大有裨益。

二 学理深度分析

(一) 对法权关系的深度定位

1. 法律性质

相较于《民法典》物权编规定的作为用益物权之一的宅基地使用权,宅基地"三权分置"改革语境下的宅基地"使用权"具有更为完整的物权权能,且不受20年租赁期的限制,能够产生更加稳定的利用关系。因此,应当将宅基地"使用权"定性为一项新型用益物权。

不宜将政策中的"使用权"界定为宅基地使用权。《民法典》物权编第13章中关于宅基地使用权的规定与原《物权法》相关规定并没有太大的出入,福利保障功能依然是宅基地使用权的首要功能,有关宅基地使用权取得、行使和转让的规定,必须尊重这一事实,以利于保护农民的利益,稳定农村社会秩序[1]。宅基地使用权之上承载的保障功能决定了其无法超脱身份性的羁绊,也无法获得完整权能。其权利主体只局限于集体经济组织内部成员,集体经济组织以外的其他主体不能取得宅基地使用权。《民法典》第399条明确禁止将宅基地使用权作为抵押财

---

[1] 参见杨书萍《"三权分置"下农村宅基地流转的困境与出路》,《农业经济》2020年第1期。

产，之所以作出如此规定，依然是要维系宅基地使用权的保障功能。从司法实践上看，受制于宅基地使用权，房屋所有权连同宅基地使用权一并设定抵押也属于禁止范畴。

将政策中的"使用权"界定为宅基地租赁权亦有不合目的之处。持"债权说"的学者认识到宅基地使用权禁止对外流转的现实状况，试图通过创设债权性质的利用权即宅基地租赁权，从而将宅基地交由社会主体利用，并受《民法典》合同编的调整。就他人利益而言，存在债权形态和物权形态二元体系，两者之间在内容、可让与性和可继承性以及与所有权人的关系上有着明显的区别。相较而言，作为债权形态的宅基地租赁权由当事人自由约定相关内容，原则上并不具有可转让性和可继承性，承租人常常居于弱势地位，事后保障较难。根据《民法典》第705条，社会主体通过租赁权的设置最多可以获得20年的使用权，这种租期的限定显然无法满足承租人的利益偏好，而且以占有为公示方式的宅基地租赁权在明确性上无法与登记的物权权利比肩，这不利于构建稳定的利用关系。单纯地放活宅基地流转并不能实现宅基地多元化利用之目的，尚需要保障利用关系的稳定。

2. 权利义务边界

可以参照土地承包的制度，对宅基地次级使用权的权利义务边界作出规定。

转出方权利包括：①转让确权后的宅基地；②监督取得方依照流转合同以及登记的用途合理利用和保护宅基地；③制止取得方损害宅基地及其附属设施的行为；④到期后收回宅基地或同意续期的权利；⑤法律和其他法规规定的权利。

转出方义务包括：①不得非法变更、解除承包合同；②尊重取得方的合理利用自主权；③依照流转合同约定以及法律规定为取得方提供必要的服务；④法律和其他法规规定的其他义务。

取得方权利包括：①依法享有宅基地占有、使用、收益和次级使用权流转的权利；②取得的宅基地被依法征收、征用、占用的，有权依法获得相应的赔偿；③到期后要求续期的权利；④法律和其他法规规定的权利。

取得方义务包括：①依法保护和合理利用宅基地，维持宅基地的地力；②到期且不续期时，按照流转合同归还宅基地使用权；③法律和其他法规规定的权利。

（二）对主体扩展的深度思考

在现行法律框架内，可以通过法律解释实现宅基地使用权流转主体范围的扩张。对《土地管理法》第62条第4款进行反面解释，得到现行法律对农房买卖并非强行禁止的结论。此外，国务院及其部委制定的文件，不属于效力性禁止规定，无法成为认定农房买卖合同无效的依据。宅基地使用权的流转方式影响权利的变动，所以流转方式的调整决定着主体的身份范围的变化。转让、继承、租赁是农村土地常见的交易方式。宅基地使用权转让通过农房买卖，改变了宅基地的用益物权人通过农房继承的方式，实现了宅基地使用权人的主体变更；通过农房租赁，宅基地上增加了债权的利用主体。转让与继承带来物权变动，租赁带来债权变动，流转主体范围必然不同。转让属于当事人之间的意定变动，继承属于法定变动方式，宅基地使用权流转的原因不同，程序设置以及实现方式上也会有所差别，所以在主体身份上会有差异。通过对宅基地"三权分置"试点经验的梳理，宅基地使用权受让主体范围的突破主要应从地域与身份两方面着手。

1. 转让关系中主体范围的扩张

符合宅基地申请条件的本集体经济组织成员，有权成为宅基地使用权转让的继受主体。无论是基于本集体农户具有宅基地使用权主体的法律地位，还是基于允许内部转让的实践现状，本集体经济组织成员都毋庸置疑地具有成为转让主体的资格。只是从保证"户有所居"、农民居住公平的角度，对于已有房屋的农户不允许继续购买农房。一定行政区域内的其他集体经济组织成员可以成为宅基地使用权流转主体。同一县级区域内的其他集体可以继受成为宅基地使用权主体，以方便行政登记管理。[①] 若范围过大，则不利于宅基地使用权的登记管理，容易产生交易风险，若范围过窄则不利于宅基地市场竞争。

2. 继承关系中主体范围的扩张

为全面保障宅基地使用权继承的公平，对继承人的权益予以全方位保护，应当改变现在非本集体成员无权继承宅基地使用权或农房的局面。集体与非集体组织成员享有平等继承并登记宅基地使用权的权利。非本集体经济组织成员与本集体经济组织成员的区别在于户籍归属不同，户籍归属的差异不影响继承人的继承权。继承权的取得以继承人与被继承人存在特定的身份关系为基础，继承人的户籍归属状态不影响继承关系的发生。继承人可以根据法定继承和遗嘱继承等方式来继承财产。非本集体经济组织成员继承农房，突破了宅基地使用权成员的专属性与福利性。同时，为落实集体所有权，防止村集体的宅基地所有权虚置、流失，非本集体成员不能无限期占有宅基地。从物权理论上看，宅基地使用权作为用益物权，是他物权的一种，毫无疑问用益物权人的使用期是有限的。因此，对于非本集体经济组织成员继承宅基地使用权，应当限制继承人对宅基地的使用期限。

3. 租赁关系中主体范围的扩张

禁止城镇居民购买农房的土地政策以及宅基地使用权承载的福利属性，决定了城镇居民不能成为宅基地使用权的转让主体。城镇居民不能购买农房，租赁是其利用宅基地的切实可行渠道。房屋长期闲置，随着时间的流逝，终会损毁坍塌。将房屋出租给企业或者城乡居民，不仅可以维护房屋，还能增加农户收入。承租人身份不应受城乡身份限制。农

---

① 参见李怀、陈享光《乡村振兴背景下宅基地"三权分置"的权能实现与深化路径》，《西北农林科技大学学报》（社会科学版）2020年第6期。

房及宅基地使用权出租后，农户保有农房的所有权，承租方享有的是宅基地使用权和房屋的租赁权。他们可以租赁农房、开发民宿。本集体经济组织成员与非本集体经济组织成员，都可以成为宅基地使用权的租赁权主体。

4. 抵押入股中主体范围的扩张

拥有不动产权证书的村民在第三方评估后可以到指定银行办理抵押贷款，凡是合法合规拥有宅基地使用权的村民可与村集体或企业等第三方商讨宅基地使用权入股的事宜，双方合意并签订合同后即可。

扩张宅基地使用权流转主体范围，需要遵循坚持宅基地"三权分置"政策的原则。从宏观层面看，宅基地"三权分置"能够实现宅基地资源的封闭性与开放性的平衡。[1] 具体而言，放活宅基地使用权的政策，拓宽了其他民事主体参与闲置宅基地利用的渠道。各地的宅基地试点实践和宅基地使用权理论探索的一个焦点，便是开放宅基地使用权市场。从微观的实践层面看，在宅基地"三权分置"政策指导下，各地开展宅基地试点改革工作。试点地区，分别就宅基地所有权的落实、资格权的确保、使用权的放活展开工作。扩张宅基地使用权流转主体范围，需要吸收改革试点的可复制经验，在立法中借鉴、在司法中参考适用。

同时，也要坚持私权保护与公共利益相协调。宅基地使用权作为我国特殊的用益物权，既要尊重私法自治，又需要公法管理。宅基地使用权的公法管理便是为了更好地保障集体成员土地权益的公平实现。宅基地使用权的财产价值作为私权属性，应当由民法规范予以调整。在扩大宅基地使用权流转主体范围过程中，应当协调好公法与私法的关系，注意两者规制内容的协调。既应当在民法规范明确宅基地使用权可以进行流转，非本集体经济组织成员有权成为流转主体，又需要在公法规则中

---

[1] 参见宋志红《宅基地"三权分置"的法律内涵和制度设计》，《法学评论》2018年第4期。

对宅基地使用权初始取得的主体身份以及范围予以限制,对流转程序以及审核、监督作出管理,以保证宅基地仍旧发挥保护农户居住权益的社会功能。

(三) 对流转方式多样化探讨

1. 转让

宅基地使用权的转让是指宅基地使用权所有人征得集体组织同意后将宅基地使用权转让给没有住房和宅基地、符合宅基地使用权分配条件的第三方行为。

2. 租赁

宅基地使用权的租赁是指在一定时间内,通过口头协议或签订合同,将宅基地使用权出租给他人有偿使用的行为。承租人根据签订的租赁合同在约定的期限和用途内使用该宅基地。

3. 继承

宅基地使用权的继承是指原有宅基地使用权人死亡以后,根据《民法典》中有关继承的相关规定,并且按照房地一体原则,由符合继承条件的主体继承宅基地使用权的行为。

4. 抵押

宅基地使用权的抵押是宅基地使用权人为了从他人或者银行获得资金,根据"房地一体"原则,以自己的宅基地作为抵押,担保自己可以按约定或者法定的方式按时还款的法律性行为。涉及流转的是抵押实现环节,应在抵押合同中明确抵押实现处置抵押物时宅基地的用途限制。[1]

5. 置换

宅基地使用权的置换是指农村集体经济组织成员以自己合法取得的

---

[1] 参见于水等《农村空心化下宅基地三权分置的功能作用、潜在风险与制度建构》,《经济体制改革》2020年第2期。

宅基地使用权与他人进行置换，从而获得利益的行为。定义中的他人包括个人、集体与政府；利益应作广义解释，包括金钱利益与非金钱利益（住房）。置换大多数发生在农村居民和政府集体经济组织之间，一般是为了统一规划和管理，集体组织或者政府在城市或农村选好位置后建造住宅，然后农民以宅基地使用权与地上房屋设施换取一套统一规划修建的房屋。

6. 赠与

宅基地使用权的赠与是指将宅基地使用权无偿转让给他人的法律行为。这里的他人可以是自己的亲属，也可以是其他人，如果以是否为村集体经济组织内部成员为标准，可以将他人分为集体经济组织内部的人和集体经济组织以外的人。两者都可能存在一定问题，如果受赠人为集体经济组织内部成员并且已经有一处宅基地的话，那么将会违背"一户一宅"原则；如果受赠人是集体经济组织以外的人，则现有法律是不保护这种转让方式的。

7. 农村新型合作社

新型合作社是依托旅游产业的农村合作社资源共享模式[①]，主要指以合作社为单位，通过利用农村文化资源、地理位置优势以及其他资源发展旅游服务产业或者其他产业，成立业务领域广泛、功能作用各异、规模形式灵活的多种形式的合作社。其能够很好地解决单家独户"干不了、干不好、干了不划算"的难题，也有利于促进市场的开拓和农业产业链条的延伸。

近年来，山东济南市章丘区三涧溪村与枣庄市山亭区冯卯镇李庄村积极探索盘活宅基地新模式，两地采取村股份经济合作社的模式，将闲置的宅基地资源收拢，并统一运作，用于建设旅游民宿、观光农业，因地制宜发展特色产业，让乡村振兴落到了实处。

[①] 参见胡命正、徐圣兵《依托旅游产业的农村合作社资源共享模式研究》，《中国市场》2020年第35期。

三涧溪村首先成立村集体经济股份合作社，在此基础上又分成5个小合作社，每个合作社都是党员带头先干，带领村民共同致富。"家家户户都有流转的土地和宅基地，这些都算股份，资金入股自愿，有愿意以劳动力入股的叫劳务股份合作社。首先要让大家明白，他们是这次'三变改革'的主人，他们说了算，乡村振兴的主体也是农民"，三涧溪村党委书记说道。值得一提的是，三涧溪村还创新推出了乡村振兴合伙人模式，引进骄龙集团作为合伙人经营运作美食街，开业以来总收入510余万元，为集体增收50余万元，带动150余名劳动力就业创业。不仅流转了土地，还带动了就业。

经过探索，李庄村以农村集体经济组织为平台，在村民自愿的前提下，通过征收、租赁、共享、股份四种方式，将村民闲置房屋再利用，发展主题乡宿、民俗体验等乡村新业态。今年58岁的村民王某就选择了共享合作模式，把自家的两间房屋交给合作社，建成了现在的小超市，不仅能与人交流，每天五六十元的收入也比之前种地的收入提高了不少。

通过两村的调研与对比，我们发现两地的做法有以下相似之处。

第一，摸清本村闲置宅基地数量，找准改革难点。由于法律法规和流转使用实践等方面都还存在模糊区域，集约利用受到很大制约。首先是审批监管难。部分街道和村干部表示，根据现行户籍制度，对"农村村民"和"城市居民"难以进行认定，但宅基地改革必须对此明确界定，避免"城镇居民回流农村"的逆城镇化。因此，宅基地和农房流转范围受到严重限制。其次是动员村民难，部分村民认为有偿退出不如拆迁补偿来得实在，拆迁补偿所得远远超过有偿退出。同时，部分村民传统观念色彩浓重，对于宅基地的有偿退出、置换等难以接受。

第二，村集体牵头，整合闲置资源。两地进行宅基地流转改革的试点，发挥合作社的"中介"作用，由合作社与村民对接签订协议，将闲置的宅基地进行统一整合，再将宅基地进行改造或者转租企业。村集体合作社在完成整合后,将寻找符合条件的农事主体,也可由农事主体直接将自身所需宅基地的要求上报合作社,由合作社寻找村内符合条件的闲置宅基地,完成整个过程的对接①。此种模式的优势在于价格统一、模式统一、谈判统一。有效避免了农户与商主体谈判破裂问题,因有集体信誉保证,农户与农事主体信赖程度更高,交易顾虑更少,风险承受能力更强,大大促进了交易的进行。农事主体在得到所需宅基地后可进行民宿改造、特色小院建设、发展特色乡村旅游,实现经济的良性发展。并且,当地旅游业发展后,农户也可将本地农产品作为特产卖予游客。这大大提高了农产品收益,农户实现了二次获益。

第三,签订三份协议,保障三方利益。先是农户与合作社签订协议,农户将闲置宅基地交予合作社运作,同时合作社给予农户资金,以此保障农户的宅基地资格权,为农户创造更多收益。另外,合作社与农事主体签订转租协议,将宅基地使用权给予农事主体使用,农民不单独与农事主体订立协议,此协议需规定宅基地用途,不得于用途外使用。同时,农户与农事企业可以签订农村土地流转合同。

第四,建成特色产业,形成品牌效应。统筹规划建设,聘请有关专家对当地区域进行规划,对村庄规划、土地规划、产业规划与项目设计统筹研究,保障各个项目有序建设。因地制宜进行发展,对于不同区域采取不同的发展措施。李庄村便是建设特色小院,将农家小院打造成旅游打卡地,有纯手工工艺品、油坊现榨花生油出售,还能喝大碗茶、听大鼓书、看庄户剧……如此种种,为当地带来了发展,也为全国提供了借鉴。

在考察两地之后,本团队进行总结分析发现,两地也存在着基础配套设施有待加强、农村金融服务体系不完善、资金扶持不集中等问题。对此当地政府也在制定相关配套政策,为盘活宅基地提供出让、转让、

---

① 参见李新《关于农村宅基地改革"沈北模式"的调查与思考》,《沈阳干部学刊》2020年第6期。

抵押等方面的政策支持。两地的试点工作开展得如火如荼，其基本做法可学可操作，为我们提供了许多经验，也为后续立法工作提供了思路。

（四）对流转过程的具体改进

参考《中华人民共和国农村土地承包法》第 19、20 条之规定，制定宅基地"使用权"流转的具体过程，以下流转过程主要针对租赁、抵押、入股等方式。

1. 资格权确认

转出方拥有农村宅基地的资格权，且获得宅基地不动产权证书或其他登记后的证明材料。

2. 提出申请

第一，土地流出方向的村民小组或村民委员会提出申请并填写流转申请书，内容包括人名、村名、面积、地名、价格、期限、联系电话等，由村流转信息员向乡（镇）土地流转服务站报送。

第二，土地流入方向乡（镇）土地流转服务站提出申请并填写土地流转申请表，内容包括姓名、单位、需求面积、意向流转期限、拟从事经营项目、联系电话等。由乡（镇）土地流转服务站办理并向县土地流转服务中心备案。

3. 流转价格评估

流转土地价格由流转双方当事人协商确定，或委托乡（镇）土地流转服务站组织有关人员评估土地流转价格，作为参考依据。流转面积较大的，可由县土地流转服务中心组织专家进行评估。

4. 信息发布

乡（镇）土地流转服务站根据流转价格评估结果及土地流转双方提供的信息，在交易服务场所进行信息发布，并约请流转当事人会面，平等洽谈。

5. 自愿协商

县、乡（镇）土地流转服务组织作为管理、服务机构，协助土地流转双方依法自愿当面洽谈流转价格、期限等相关事宜。

6. 签订合同

签订相关流转合同，合同包括流转双方、流转土地面积、流转用途、流转方式、流转期限等。

7. 审核、登记

第一，流出方土地情况审核按照"属地核实"的原则，经村民委员会和村民小组同意并办理相关手续后，进行登记。

第二，乡（镇）土地流转服务站对流入方的经营能力和经营项目审核后，进行登记。

（五）对流转后利益分配问题的审视分析

"三权分置"政策的实施，更进一步发挥了宅基地作为用益物权的收益权能，因为通过流转会带来土地增值的利益。流转的方式具体包括入股、转让、出租等多种方式。试点中的农户将自己的房屋和宅基地出租给本农村集体经济中的成员，也有部分农户出租给其他集体经济组织成员或者社会公众，收取的租金（房屋的出租收入）以及宅基地使用权的增值利益推动了乡村振兴。

同时，也应当注意遵循差异性原则，根据不同地区的环境、地理位置、村集体生产方式和生活方式等，因地制宜，选择适合本村的利益分配方式。

1. 村集体保障金缴纳和使用

保障金应当为农户交给村集体的一笔管理保障金，因为宅基地是农户从宅基地所有权人村集体无偿取得的，"三权分置"下农户因而获得了宅基地的收益权能，转出方应当出于对村集体管理保障自己的权利而缴纳一笔成本费，推动村集体进一步发展。而承租或受让宅基地使用权的主体并没有直接从宅基地所有权人村集体处取得宅基地，因而无须向村集体缴纳收益金。村集体根据自治原则自行决定如何使用保障金，可以将资金直接公开透明分配给集体成员，也可以存入集体管理的资产中心统一管理、统一调度。可以应用于村集体建设活动，也可以用于村集体成员的社会保障、回购农户以及公共服务等，实现取之于民，用之于民。

2. 村集体调节金的缴纳和使用[①]

宅基地集体调节金不同于宅基地保障金，因为"三权分置"下宅基地的经营性利用和流转功能的增加，会为村集体带来公共服务负担的增加以及对宅基地规范流通提供便利的条件和手续的需要。并且每一次流转，比如承租人从农户手中租赁，首次承租人再从承租人手中租赁都需要集体进行手续上的流程，这个过程不像宅基地收益金那样只发生在集体和农户之间，而是发生在农户、集体和受让人三方之间，因此，宅基地使用权的每一次流转都应该向集体缴纳调节金，并且经营性自用工的农户和宅基地受让人都需要向集体缴纳宅基地调节金。

3. 转出方自留金

在缴纳各种调节和保障金后，剩下的收益归转出方所有，即为宅基地使用权在政策下的用益物权收益。这既能盘活闲置宅基地资源，又能让农民享受到国家政策红利，推动乡村振兴进一步落实。

(六) 对风险和保障措施的深度评估

1. 风险

宅基地流转过程中的风险分为显性风险和隐性风险（见图14）。

(1) 显性风险

第一，农户收益权能保护不足。宅基地流转过程中出现了区域间、

[①] 参见李美娇《"三权分置"下宅基地利益分配问题探析》，《农村实用技术》2022年第2期。

第二章 宅基地使用权流转的实证分析

```
                    ┌─ 农户收益权能保护不足
            显性风险 ─┼─ 农民居住安全保护不足
            │        └─ 取得人无法得到真正意义的确权
    风险 ───┤
            │        ┌─ 宅基地使用权在转让中永久丧失的风险
            隐性风险 ─┴─ 农户资格权保障乏力的风险
```

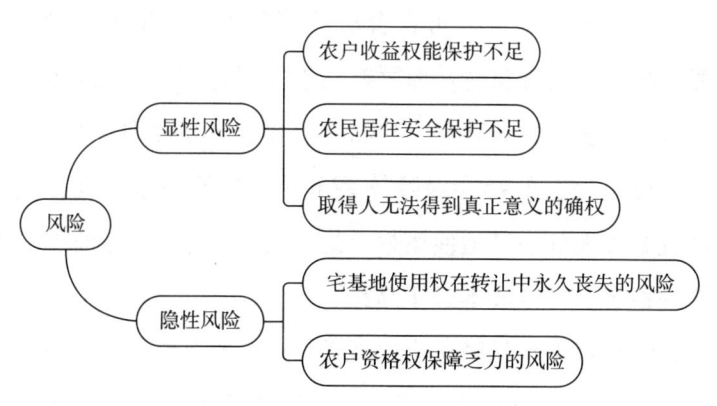

图 14 宅基地流转风险评估导图

相关利益主体间的利益分配失衡①。虽然农户在宅基地流转过程中，自身家庭财产收入获得提升，福利感增强，实现了"帕累托改进"。但是，由于农民集体作为集体所有权主体的身份被淡化，产权主体的合法权益容易在宅基地流转过程中被边缘化。此种身份淡化、权益被边缘化的后果就是宅基地流转收益在地方政府、村集体与农户之间的分配不均。

第二，农民居住安全保护不足。保障农民居住安全是宅基地所承载的基本功能。宅基地流转与农民居住安全之间具有紧密联动性。当前失地农民住房保障政策的不完善与宅基地流转相关配套机制的缺失暴露出农民居住安全受到威胁的风险。宅基地流转后，一般失地农民的住房面积普遍下降，且房屋拆迁补偿款占新建（购置）房款的比例较低，增加了失地农民的经济负担。

第三，取得人无法得到真正意义的确权。宅基地次级使用权流转不规范，导致合同无效，给双方留下隐患，致使无法确权进而产生损失。

（2）隐性风险

第一，宅基地使用权在转让中永久丧失的风险。宅基地"三权分置"推广后，农户作为用益物权人可通过行使支配权将自身的宅基地

---

① 参见吕军书《物权效率维度下我国农村宅基地市场配置探微——兼论宅基地市场配置的风险防范》，《河南大学学报》（社会科学版）2012 年第 1 期。

使用权让渡给他人，即农户可在合法的情况下通过宅基地使用权的抵押、入股、租赁来实现自身房屋财产功能。但这三种方式均存在农户宅基地使用权永久丧失的风险性，也将会直接导致集体财产的外流。例如抵押，在农村不完善的社会保障体系下，一旦使用权人无法清偿债务时，农民就会丧失该宅基地使用权及地上房屋，农民就会流离失所，不利于社会的稳定，社会成本过于高昂[①]。

第二，农户资格权保障乏力的风险[②]。城乡土地与社会保障的二元制度使得宅基地"三权分置"后，农户可能面临土地权益保障不足与社会保障不足的双重风险。首先，农户在宅基地使用权流转过程中，农户可能会因自身内部原因在宅基地市场交易中处于劣势地位。此时，对农户权益的保护除了需要提升农户自身能力，更需要依靠国家制度与市场机制的共同作用。同时，随着人地关系的变化，农民阶层分化的趋势也将进一步凸显，城镇化与人口城镇化不同步的问题也将更加突出，农户在宅基地退出后将面临如何实现自身市民化的需求的问题，此外，失地农民的就业、医疗、住房、养老、子女教育等公共服务政策必须给予关注。城乡二元联动的土地制度与社会保障制度亟待建立健全。

2. 配套保障措施

（1）落实权责明确的宅基地次级使用权的新型物权权能

放开主体后，农村宅基地流转实际上是宅基地次级使用权在不同主体之间交易，按照《民法典》要求对宅基地次级使用权进行确权登记颁证，进一步明确权属关系，建立权属清晰，权责明确流转制度，为调解处理宅基地纠纷，维护农民获得宅基地使用权的全部权益。一是加强统筹协调，完善确权工作制度。二是通过通力协作，持续增强法律和相

[①] 参见吕军书、张文赟《农村宅基地使用权流转的风险防范问题分析》，《河南师范大学学报》（哲学社会科学版）2013年第2期。

[②] 参见吴明发等《基于模糊综合评价模型的农村宅基地流转风险评价》，《生态经济》2018年第1期。

关政策合力。严格遵循《土地管理法》等相关法律法规和政策规定，切实推动确权登记颁证工作，确保农村宅基地信息明确、权属登记公平。三是完善登记监管机制，通过建立农村宅基地流转定期上报制度，对一次性流转面积较大的宅基地做好登记并逐级汇总上报备案。

（2）规范宅基地流转流程，完善标准合同条款

流转合同是宅基地流转中的重要凭证，也是购买保险的基本材料。口头协议或者不规范的流转合同都会给双方留下隐患。因此，基层政府要加强对农户宅基地流转规范性的宣传教育，监督土地流转双方严格按照政府部门的模板签订标准的宅基地流转合同，为流转双方后续维权提供赔偿依据。

（3）增强村级组织风险防范保障能力

建立宅基地次级使用权流转风险基金，积极开展宅基地次级使用权流转履约保证保险试点，合理确定宅基地次级使用权流转规模，规范组织机构和内部管理制度，使其真正成为风险同担、利益共享的共同体。

（七）对实践与理论关系问题的思考

我国土地规范一直都是实践先行、政策探索、立法在后的模式，经实际调研探讨，实践组对实践与理论的关系产生了进一步思考，并进行了深入探讨。

第一，理论产生于实践。没有实践就很难产生认知与理论，如果只有理论而没有实践，那么就是唯心主义，是一种错误的看法。而事实上所有的理论都是产生于实践。理论都产生于实践，来源于实践，这是唯物主义的根本。在宅基地"使用权"流转问题中，随着我国经济不断发展，社会形势发生变化，在宅基地方面产生了一些新的纠纷，因此也推动了专家学者对于宅基地流转新体系的创造和构建，也推动了政府相关政策的出台和尝试。诚如所述，各地宅基地流转的支撑理论无不来自实践。

第二，理论可以指导实践。此次的实践活动是在专家学者的理论基础上进行，凭借他们所构建的流转体系，实践团队才得以躬行实践。可以说，此次是由原有的理论走向实践。在实践过程中，实践团队也发现了各地的痛点和难点，也是理论和现实乡村的强烈碰撞，让实践团队深深地感受到在民俗人情的中国，法律为什么需要有温度。各地的试点工作也是依据学者们的新理论进行，在创新工作中起到了不可估量的作用。

第三，实践会最终推动立法。全国各地如火如荼的试点工作取得了极大的进展，比如采取合作社形式、引入第三方机构、村民自治等形式，积累了许多先进经验。但也暴露了相关问题，比如政府是否介入、第三方如何选择等等。实践中产生的经验和问题最后都会为法律的制定提供有益的借鉴。实践团队也希望在宅基地"使用权"流转问题上尽绵薄之力。综上所述，走向法律制定才是我们的最终目的。

三 既存问题分析总结

（一）主观视角

1. 政府层面

2018年《中共中央 国务院关于实施乡村振兴战略的意见》的出台，宅基地的"三权分置"政策被正式提出，指明了宅基地制度改革创新的方向，各级政府纷纷出台相关政策推进宅基地改革试点工作的有序进行，以此来打破宅基地权利结构的封闭状态，提升宅基地资源的利用效率，盘活农村闲置宅基地资源。但是从全国范围来看，各地宅基地制度改革步伐不协调，政策不统一，在一定程度上限制了宅基地的"三权分置"改革。同时，各地普遍存在宅基地管理审批程序烦琐，审批成本过高的问题，消耗了行政资源，造成了"高成本、低效能"的局面，阻碍了宅基地"三权分置"改革的进程。

经调研结果显示，部分地区政府对于宅基地制度改革的政策问题还持有观望态度，放眼山东省乃至全国范围内，进行宅基地"三权分置"试点性改革的地区仍然是少数。同时，也存在着基层人民政府对于中央政策理解不足、对新型宅基地流转模式认知不足的现象。基层政府作为群众与中央联系的纽带，与人民群众的联系最为密切，具有强大的引领和组织作用，中央文件精神和新型宅基地制度改革构想在基层政府这一必要环节上得不到充分落实，势必会阻碍宅基地"三权分置"改革工作在全国范围内的有序开展。

通过走访和调研发现，有些基层政府对于宅基地"三权分置"改革的讲解与宣传力度不足，宣传方式需要改进。考虑到大部分农民知识文化水平有限，无法正确理解中央相关的改革政策，对于自身权利认识不够，也无法准确得知相关的福利制度和保障措施，农民没有"定心丸"自然不敢流转自己的宅基地，也不知如何流转相关权利。如何将宅基地流转的相关规定"接地气"地讲述给广大农民，是我们政府理应考虑到的问题。

2. 农民层面

受限于当下地区发展不平衡的现状和城乡区域差异，广大农民受教育程度不高，知识文化水平有限，对于相关的法律法规了解程度欠缺，对于新政策、新法规的接收渠道单一，传统认知无法得到及时的更新和突破。这就导致了农村宅基地的出让具有较大的随意性，从而衍生出了大量的纠纷，不利于农村社会的稳定，也阻碍了宅基地"三权分置"制度的有效落实。另外，结合我国的传统文化和社会观念来看，广大农民具有较为浓厚的"故乡情怀""重土安迁"，传统理念和社会文化氛围在一定程度上对于宅基地的流转造成了阻碍。从农民自身实际来看，农民的宅基地诉求主要体现在两个方面，一个方面是"手里有房"，另一方面是"口里有粮"。换言之，就是在保证宅基地所有权属于自己的前提下，将宅基地流转以获取更大的经济利益。

农民的诉求十分明确，部分农村村民在不经集体审批同意的情况下，自行处置所属的宅基地，以满足其对于经济利益的诉求。此举并无相关法律法规可供参考，仅凭意思自治，采取传统契约的方法对所属宅基地进行处置或流转，这与我国最新一轮宅基地改革的法治大环境相违背。改革的进一步深化、对宅基地"三权分置"流转的探索应当置于《民法典》关于农村土地权利的体系之下，可适当借鉴2018年中共中央通过的《关于修改〈中华人民共和国农村土地承包法〉的决定》的理论体系，同时对农民进行培训和教育，从根本上制止宅基地"三权分置"改革乱象的局面，推进相关改革措施的有序进行。

我们的走访和调研不仅是探索当下宅基地使用权改革在农村落实面临的困境与出路，更期待通过此种方式对农民进行宣传教育，推动法治下乡，找到农民传统意识和法治观念的融合点，让法治深入基层，推动"知法、尊法、守法、用法"的新型农村法治建设，为农民用法治维护自身权益提供认知渠道，破除农民层面的宅基地使用权流转改革的阻力。通过调研得知，现阶段农村在宅基地使用权流转中存在以下几个问题。

（1）村民自发交易流转后宅基地确权困难

通过此次实地调研我们发现，在当今广大农村地区，村民面临着不懂法不知法的窘境，而对于宅基地流转方面的交易更多的是依靠当地的交易习惯和双方的意思合意。普遍流程为双方依照约定订立宅基地流转契约，经公证人见证，交易完成。虽然实践队经过调研发现，在农村现阶段宅基地流转的相关尝试中，流转双方达成合意，符合双方意愿，在实践中尚未产生纠纷，但法律层面未有相关保障，也大大制约了农民的流转尝试。此外，当事人双方的宅基地流转程序简便易行，但是尚无法律予以保护，如果双方产生纠纷，无法律保障，流入方因无合理取得依据，在司法审判过程中处于不利地位，有失公允。如果当事人选择私下调解，也可能会变相增加矛盾，为其他纠纷产生埋下隐患，不利于和谐乡村的建设，也容易扰乱农村地区已有的交易秩序，引发一系列连锁反应。

（2）农村现阶段宅基地有偿退出动力不足

结合我国的传统文化和社会观念来看，农民期望在保证宅基地所有权属于自己的前提下，将宅基地流转以获取更大的经济利益。在无强大经济体介入的情况下，广大农民短时间无法获得实实在在的经济利益，同时也无法预见未来发展趋势，更多是持观望态度。相较于交出宅基地去获取短时间内得不到保障的经济利益，农民还是更倾向于持有宅基地，将宅基地牢牢掌握在手里，这就意味着在乡村生活还有保障。多数进城务工定居的农民仍然是不愿放弃现有宅基地，以此来保障居住安全。因此，农村现阶段宅基地有偿退出动力不足的问题更多地反映了农民对于居住安全的态度问题。现阶段宅基地仅允许本村集体组织成员间流转，对于外来人员和企业流转宅基地的尝试，法律是不予支持的，村集体成员及村集体资金较为匮乏，也难以支持相关宅基地的流转尝试。

（3）农民对于宅基地维持居住用途呼声高

通过走访调研发现，多数村民对于宅基地流转后用作经营表示不支持。村民表示，宅基地一旦用于经营，将会进行重新装修，加盖设施或者改变布局，对于后续流转期限到期后的收回增加了困难：一是流转到期后，对于加盖设施是否需要流出方支付相关费用并不明确；二是一旦用作经营，势必会改变原有格局，使之不再适应居住需求，后续整改也是相当大的问题。但是经过与乡民的交谈发现，对于宅基地用于个体性经营的情况，大部分乡民表示可以接受，但是不接受厂房建设等大型经营改造。在法律层面规定保护宅基地流转时也需充分考量农民的意愿和呼声，做到立法为民。

3. 村集体层面

由于宅基地所有权属于村集体，同时又由村集体经济组织行使宅基地所有权,在实际操作中,往往是由集体经济组织实际控制人代为行使,例如村党支部书记或村委会主任等农村干部,因此,村干部也有为保全自身利益而损害集体所有权的可能。在宅基地"三权分置"的背景下,宅基地所有权人、宅基地资格权人与宅基地实际使用人会出现分离的情况。当实际使用人与资格权人谋求相同利益的时候,难免会影响和损害集体所有权。同时,现行制度下也缺少对资格权人的有效监督,在考察中发现,村民在未经集体组织许可的情况下处分宅基地的行为不在少数,这也弱化了集体所有权能[①]。

(二)客观视角

1. 原有法律不适应新的形势

根据《民法典》规定,宅基地使用权的取得、行使和转让,适用土地管理的有关法律和规定。《土地管理法》有明文规定:农民集体所有的土地的使用权不得出让、转让或者出租用于非农业建设。且宅基地使用权具有人身属性,非本集体经济组织成员无法取得。相关的法律制度更新滞后,立法方面不完善,宅基地使用权流转改革试点在全国范围内展开,相关政策一再明确要求给予宅基地使用权流转改革的肯定,但在法律制度方面存在着定义模糊、界限模糊、权能不确定的现象。宅基地使用权作为新"三权分置"视角下的新概念,若得不到立法层面的确定,便在实际推行过程中困难重重。如何在法律层面理解此种新型权利,尤其是现行法律法规中无明确规定的宅基地使用权,是立法者和司法人员不得不考虑和探讨的难题。现今对于宅基地使用权的相关规定,只在各地地方性法规、规章制度及指导文件方面存在。在各地的宅基地使用权流转改革的实践中可以看到,因宅基地使用权难定性、权能范围难明晰而产生了大量的法律纠纷,同时又因为相关法律法规的缺失,使

[①] 参见杨立平等《"三权分置"下农村宅基地流转的困境与出路》,《山西农经》2021年第9期。

得此类纠纷更加错综复杂，难以顺利解决。所以，我国的相关法律制度应该及时完善更新，解决宅基地使用权的定性问题，针对宅基地使用权的法律内涵、权属定位、实现形式等问题进行立法上的明确，从而为宅基地使用权流转改革提供坚实的法律后盾。

2. 理论层面尚有争议

宅基地使用权作为我国农民的一项身份权利，具有福利性质，能够保证农村村民"住有所居"，为农村经济社会的稳定和发展提供了重要保障，宅基地使用权的权利状态深刻影响着我国农村社会的变革。宅基地上法权关系认识不清，导致实践中对宅基地及其上房屋放活流转的方式和规则设计呈现出不同样态，虽有益于经验探索，但各地放活方案的创新仍需要符合法理的权利定位，理顺分置的宅基地"三权"法权关系是将顶层设计入法亟待解决的关键问题。[①] 自该权利提出，学界对此的理论探讨一直持续，并发展出了三种学说。第一种学说为禁止流转说，该学说认为宅基地使用权不可流转，宅基地使用权具有福利保障的作用，提供了基本的农民生存保障，如果允许使用权的流转，便很容易出现土地兼并的现象，农民居住得不到保障，势必会引起社会的动荡，不利于社会公平的实现。第二种学说为允许流转说，将使用权定性为用益物权，农民完全可以自行流转宅基地使用权，宅基地的利用效率大大提高，农民的收益也得到相应提高。第三种学说为折中说，认为宅基地使用权可以有限度地进行流转，其流转不仅符合社会发展需要，也符合自身权利属性。随着2018年中央一号文件的出台，实现宅基地要素的市场化配置，盘活空闲宅基地资源要求的提出，为适应新一轮的制度改革需要，理论界又掀起了新一轮的讨论热潮。如何在现行法律制度框架下对宅基地使用权进行科学的设计和权利配置，将政策中的宅基地使用权转化为法律上的宅基地使用权，并融入现阶段的权利体系，是理论界

[①] 参见肖鹏、王朝霞《宅基地"三权分置"的制度演进、政策背景与权利构造》，《云南大学学报》（社会科学版）2020年第3期。

面临的首要问题。

现今理论争议最大的问题主要有三个。第一个是宅基地使用权的权属定位问题，即宅基地使用权应该定性为物权性权利还是债权性权利的问题。第二个问题是宅基地使用权与政策中提出的鼓励农民流转的使用权的关系问题，即中央文件中提出的鼓励流转的使用权是否为建立在宅基地使用权之上的新型财产权利的问题。第三个问题便是宅基地使用权的实现形式问题，即如何盘活农村宅基地，提高宅基地利用效率的问题。这些问题是理论界研究的重难点，也是绕不开的核心问题，农村社会在宅基地流转改革过程中所产生纠纷的解决必然也绕不开这些问题，这些问题若得不到解决，那么在关于宅基地使用权的纠纷中至少有一方的利益将得不到保护，不利于社会公平正义，且难以进一步实现推进宅基地使用权适度放活的政策目标。

基于此，我们此次走访调研各试点地区，学习其中的先进经验，并试图对其进行学理性分析和概括，找出其中的共性与不足，形成自身的想法，尝试着为理论研究和立法改革提供针对性的意见，推进我国宅基地使用权流转改革向着规范化和制度化方向发展。

四　实践成果汇总

根据团队的调研以及数据整理分析，得到以下实践成果。

（一）厘清宅基地使用权的法权关系

团队成员一致认为政策下宅基地"使用权"为次级使用权——一种新型的用益物权。政策中的使用权是派生于宅基地使用权之上的新型财产权利，其法律性质是用益物权。我们将它定位于次级使用权，并限制宅基地使用权本权。物权说准确地贴合了宅基地"三权分置"改革的目标要求，回应了农村社会发展的现实需求。次级使用权在效力上较强，不受本权的约束，不受 20 年租赁期的限制，能够产生稳定的利用关系，保障权利人之间形成一种和谐相处、长久稳定的宅基地使用关系。

（二）深入思考并破解主体扩展问题

由于宅基地使用权流转的原因不同，程序设置以及实现方式上也会有所差别，所以在主体身份上会有差异。实践队从最常见的几种流转方式入手，对不同方式下主体给出规范建议。除此之外，也提出了主体扩展所要遵循的原则，从而减少宅基地的流转风险。

1. 转让关系中主体范围的扩张

符合宅基地申请条件的本集体经济组织成员，有权成为宅基地使用权转让的继受主体。无论是本集体农户具有宅基地使用权主体的法律地位，还是允许内部转让的实践现状，本集体经济组织成员都毋庸置疑地具有成为转让主体的资格。

2. 继承关系中主体范围的扩张

为全面保障宅基地使用权继承的公平，对继承人的权益予以全方位保护，应当改变现在非本集体成员无权继承宅基地使用权或农房的局面。集体与非集体组织成员享有平等继承并登记宅基地使用权的权利。

3. 租赁关系中主体范围的扩张

房屋长期闲置，不利于房屋的维护。将房屋出租给企业或者城乡居民，不仅可以维护房屋，还能增加农户收入。因此，承租人身份不应受城乡身份限制。本集体经济组织成员与非本集体经济组织成员，都可以成为宅基地使用权的租赁权主体。

4. 抵押入股中主体范围的扩张

拥有不动产权证书的村民在第三方评估后可以到指定银行办理抵押贷款，凡是合法合规拥有宅基地使用权的村民可与村集体或企业等第三方商讨宅基地使用权入股的事宜，双方合意并签订合同后即可。

(三) 改进宅基地使用权流转过程中不明晰的问题

流转方式除了常见的转让、租赁、抵押等，实践队在调研的过程中探索出农村新型合作社与宅基地"使用权"相结合的新模式，可适用于山东省并进行推广研究。

流转过程也根据山东省众多村子做了更详细的规定，更具有普遍性，便于不同地区在此基础上增加新的内容。

(四) 破解宅基地使用权流转过程中利益分配的问题

通过各村的走访与调研，实践队讨论出利益分配问题的模式，不同地区可以根据环境、地理位置、村集体生产方式和生活方式，因地制宜，选择适合本村的利益分配方式。主要从以下几个方面来分配流转过程中的既得利益：村集体保障金、村集体调节金、转出方自留金等。

(五) 汇总宅基地使用权流转过程中的既存问题

在实践的探索中，从主观视角与客观视角两方面归纳存在的问题。在主观层面上，各地政府对宅基地改革政策还持观望态度，宣传力度不足，试点地区仍为少数。农民知识文化水平受限，自发交易流转后宅基地确权困难，现阶段宅基地有偿退出的动力不足，农民对于维护居住用途呼声较高，改革阻力较大。村集体没有落实相应的政策，村干部也有为保全自身利益而损害集体所有权的可能，在现行制度下也缺少有效监督。在客观视角下原有的法律不适应新形势的发展，且理论层面上有争议，导致改革推动困难。

(六) 针对宅基地流转中的风险问题并提出保障措施

1. 落实权责明确的宅基地次级使用权的新型物权权能

对宅基地次级使用权进行确权登记颁证，进一步明确权属关系，建立权属清晰，权责明确流转制度。

2. 规范宅基地流转流程，完善标准合同条款

基层政府要加强对农户宅基地流转规范性的宣传教育，监督土地流转双方严格按照政府部门的模板签订标准的宅基地流转合同，为流转双方后续维权提供赔偿依据。

3. 增强村级组织风险防范保障能力

建立宅基地次级使用权流转风险基金，积极开展宅基地次级使用权流转履约保证保险试点，规范组织机构和内部管理制度，使其真正成为风险同担利益共享的共同体。

（七）推动三块地联动改革，为国家宅基地流转立法和制度建设提供建议

通过政策目标和实践模式的分析，宅基地流转存在力度不同、关系不清、筹措不足等问题，且照搬承包地和建设用地改革经验困难。在《民法典》背景下放活思路，借鉴承包地"三权分置"权利结构，衔接集体经营性建设用地入市制度，以理顺宅基地"使用权"法权关系，将闲置的宅基地有规划地改革，推动三块地联同改革，同时推动乡村振兴。宅基地流转制度是改变宅基地用途时，将宅基地在一定期限内转变为其他用地，按照一定的规则进行流转的制度。制定出全面匹配衔接宅基地流转的全国性制度，可以在农村宅基地使用条例中对宅基地流转的各个环节进行细化规定，其中可以包括宅基地流转的方式、流转的主体以及其权利、流转的标准程序以及对土地利用进行监督等方面，使基层宅基地次级使用权流转有法可依，高效执行。"三权分置"下宅基地流转与经营性利用越发灵活，随之带来了较大的利益，不同试点地区针对宅基地增值利益的分配方式各不相同，应当尽快制定出配套法律法规，深化土地所有制改革，平衡国家、集体和个人对宅基地增值利益的分配。

五 调研团队创新点

团队通过深入农村、联系当地相关部门等多种方式,对流转的组织方、转让方、取得方分别进行实地走访、调查,层次分明条理清晰,便于日后进行有序整理分析。实践团队创新点如图 15 所示。

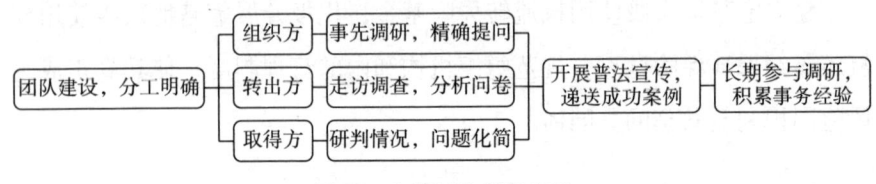

图 15 实践团队创新点图

(一) 对组织方

针对宅基地使用权流转的组织方,即当地主管部门和集体组织,团队根据组织方的工作范围,提前列举了相应的问题,以便在调研过程中做到精确提问、逻辑清晰、成果具体。在事先沟通联系的基础上,通过实地走访、电话访谈等多种途径,针对农村合作社、集体组织等进行调查,就一系列政策推行层面的问题向组织方提出问题,并请求答复。

(二) 对转出方

针对宅基地使用权流转的转出方,团队主要从宅基地使用权转出原因、现行政策在具体转出过程中的落实问题、转出后补偿金额认定问题、转出过程中可能遇到的阻力以及转出后宅基地使用权的归属等问题进行调研,问题明确,针对性较强,便于得到精确度更高的信息。并且在较大范围内开展问卷调查、获取充足样本,尽可能减小误差,并以此为基础,对淄博、枣庄等地农民进行走访调查,以期达到详略得当、点面结合的实践效果。

(三) 对取得方

针对宅基地使用权流转的取得方，团队主要从取得方的宅基地需求、接收过程中所遇到的阻力、完成流转后产生的法律问题等方面入手，考虑到调研对象群体广泛，根据实际情况用较为通俗易懂的语言进行交流，避免因为出现过多专业名词而产生误解，以便更好地了解作为取得方在宅基地流转前后可能遇到的困难问题及相关需求，将专业知识应用至解决实际问题的层面上。

(四) 普法宣传

综合以上三类主体，团队在基层调研时开展相对应的普法宣传活动，为农民主体建立对相关政策的基本理解，同时了解宅基地使用权流转成功的具体案例，为相关政策在全国农村范围内的推广提出合理的建议，真正做到"送法下乡"。

(五) 团队建设

在团队建设上，团队建设完善、分工明确，可以高效率地完成调研、总结等一系列工作；团队内成员个性鲜明、特长突出，可以通过团队内部的良好有序配合实现优势互补，让整个调研过程更加流畅；此外，团队会长期参与对试点地区乡镇政府、村民委员会的调研，积累与课题相关的实务经验。

民族要复兴，乡村必振兴。用好农村土地资源成为实现乡村振兴的重要课题。作为农村土地的一部分，宅基地问题不仅是农村问题，更是政治问题。在宅基地"三权分置"中，落实宅基地集体所有权是底线，保障宅基地农户资格权是根本，而放活宅基地和农民房屋使用权是核心和重点。对于如何放活宅基地"使用权"，流转"使用权"是放活的重要途径之一。

2020年12月，习近平总书记在中央农村工作会议上的讲话中提出："深化农村改革。全面推进乡村振兴，必须用好改革这一法宝。""农村宅基地改革要稳慎推进。"① 农村宅基地如果仅确定其归属而不能流转，那么其价值便不能得到充分发挥。因此，可以说，农村宅基地使用权的流转，不仅体现了物权平等原则，而且也是实现资源充分利用的过程。

本书借鉴了国内外宅基地使用权的相关理论，分析了政策下宅基地使用权的法权关系，深入思考并破解主体拓展的问题，改进宅基地流转过程中不明晰的问题，并对宅基地使用权流转过程中产生的利益进行分配，针对宅基地流转中的风险问题，提出保障措施，推动三块地联动改革，为国家宅基地流转问题的立法和制度建设提供建议。

团队成员坚持按照既定方案完成了调研活动，但是难免存在调研数据不够完善、分析不够深入等缺漏之处，由于时间和团队知识与能力有限，研究虽然取得了一定的成果，但还存在不足之处，特别是关于各省份农村现状对比以及"三块地"如何联动等方面还需要进一步细化，这也是团队后期进一步研究的方向，希望调研活动能够为宅基地使用权的放活增添一份动力。

---

① 习近平：《论"三农"工作》，中央文献出版社，2022，第14页。

第三章 宅基地使用权流转的理论基础

我国用益物权体系下的宅基地使用权刻有"人役权"性质的烙印，虽实现了社会保障功能，却难以实现土地的财产价值和融资功能。宅基地"三权分置"政策是对土地私权的细分，以求拓展宅基地使用权的权利内容。我国《民法典》物权编宜采取"地上权"的塑造路径，回应"三权分置"的政策指引，突破"人役权"的制度障碍，并需完善相应的制度设计。

一 问题的提出

我国高度重视"三农"问题，对于土地制度进行不断探索，以寻求更加符合我国国情的农地制度。宅基地使用权制度是我国计划经济时代的产物，在社会主义公有制背景下，该制度显示出浓厚的本土化气息。自土地革命以来，我国土地制度也在不断发展和变革，宅基地的立法变革也随着时代发展在不断演进。2018年中央一号文件提出深化农村土地制度改革，并探索宅基地"所有权、资格权和使用权的'三权分置'"，适当放活宅基地使用权的流转，旨在促进闲置宅基地和农屋的再利用，[①] 防止土地资源的浪费，更好地适应市场经济发展和满足农

---

① 参见宋志红《宅基地"三权分置"的法律内涵和制度设计》，《法学评论》2018年第4期。

民的融资需求。原《中华人民共和国物权法》（以下简称《物权法》）将宅基地使用权归于用益物权的框架体系之内，《物权法》仅用寥寥数文对其进行了框架式规定，而《土地管理法》和相关法律和法规成为重要的参照依据。基于社会保障之目的，在现行法规制下，宅基地使用权的流转并没有真正"解禁"，受到了诸多限制，宅基地使用权存在明显"弱物权"的特征，法律并没有赋予其收益和处分权能。[①] 市场经济的快速发展使得经济基础发生了重大变化，但宅基地使用权的内容和规则却基本没有变化。[②] 随着新时代出现的新问题，关于宅基地使用权制度的一系列法律法规，也需要在发展中不断完善。

随着农村金融制度的改革以及城乡流动的日益频繁，"赋予农民更多的财产权利，有效盘活农村的资源、资产"是农村适应市场经济发展的重大举措，也是农村制度改革的重要方针，包括宅基地使用权在内的制度变革是土地制度演进的重要组成部分。究竟是按照"三权分置"的政策指引，通过宅基地使用权的制度"分解"来实现，还是通过宅基地制度本身的再塑造来实现，是宅基地制度变革的两种不同路径。本书以宅基地使用权制度的困境反思为出发点，通过对宅基地使用权"人役权"性质的制度障碍进行分析，并对"三权分置"的政策进行解读与反思，提出了"地上权"的塑造思路，并探究与之相关的制度设计，以期对宅基地使用权制度的完善有所裨益。

二 现行宅基地使用权制度的理论反思

为了体现农村土地的社会保障功能，切实保护农民的利益，现行法

[①] 《物权法》第117条确认了用益物权的"收益"之权能，但宅基地使用权旨在实现宅基地保障居住的作用，并未规定"收益"和"处分"的权能。
[②] 参见陈耀东《宅基地使用权立法变革论——以〈物权法〉为中心》，《安徽大学法律评论》2007年第1期。

对宅基地使用权的取得和流通进行了诸多限制,使得带有浓厚身份属性的宅基地使用权具有人役权的性质外观。形成于古罗马时期的人役权制度是指为了特定人的利益而利用他人所有之物的权利,其本质是通过使用他人之物来满足个人本身的使用和收益。① 人役权制度的形成晚于地役权,具有一定的社会保障功能,有助于解决特定人的生活和养老问题。

从用益物权体系的精确性定位来讲,将具有我国本土特色的宅基地使用权归于人役权之下不仅符合其本质和特征,更能彰显其福利性和保障功能。人役权属于一种带有明显身份特征的用益物权,具有身份性、无期限性和不可转让的特点。我国当前的宅基地使用权,就其自身所具有的身份性特质和社会保障功能而言,将其定义为一种人役权具有极强的说服力。一方面,我国宅基地使用权表现出很强的身份性。宅基地使用权的申请主体仅限于集体成员内部,排除了外乡村民权利主体资格,带有明显的身份属性。② 另一方面,宅基地是农民重要的资源,虽然宅基地使用权的流转受到诸多限制,但农民可以在集体所有土地上无偿取得,表现出唯一性和永久性的特征。③ 将宅基地使用权归于人役权不仅能够体现主体的资格性要求,充分揭示集体组织成员依据其身份资格所享有的福利与权利,还能体现我们国家在政策以及立法上对于农民的制度"倾斜",充分发挥保障权利人的居住保障之功效。

现行法对宅基地使用权进行了一种特殊的制度安排,对宅基地使用权的权能进行了限缩,④ 流通和融资功能被严格限制。但现行的宅基地

---

① 参见温世扬、廖焕国《人役权制度与中国物权法》,《时代法学》2004 年第 5 期。
② 参见王利明《物权法研究》,中国人民大学出版社,2016,第 940 页。
③ 参见梁慧星、陈华彬《物权法》,法律出版社,2016,第 248 页。
④ 《中华人民共和国土地管理法》第 8 条、62 条、63 条,原《中华人民共和国担保法》第 37 条等规定都表明宅基地使用权的流转受到了一定程度的限制。宅基地不得单独转让,特定条件下可以随地上房屋一并转让,并且经过集体组织的同意。且只能在本集体经济组织之间转让,具有严格的条件限制,不能够抵押。村民一户只能够拥有一处宅基地,在宅基地转让之后,再申请宅基地的不予批准。农民取得宅基地只能够用于自建房屋,而不能行使处分权。

使用权制度面临一定的困境和障碍，主要体现在：一方面，农村土地存在大量的闲置，土地资源浪费现象严重。随着我国户籍制度的改革，农民进城居住和就业变得相对自由，户籍制度改革使得许多农民"背井离乡"，并在城市中取得居住之定所。城乡居民这种大融合趋势导致了农村存在大量的闲置宅基地，宅基地流转受限导致了大量宅基地和农村房屋闲置，造成土地资源的浪费。另一方面，宅基使用权的流转限制不能够满足农民融资和现代化[1]需求。现行土地管理体制下，对宅基地使用权流转的限制要远远超过建设用地使用权，不仅体现在不允许其单独流转，还体现在其处分权能仅限于集体组织内部。面对市场化以及融资功能的需求，宅基地流转存在着许多"隐形市场"，造成了大量地下交易，威胁着农村土地安全。随着特色农村的发展以及农村旅游行业的发展，宅基地不允许集体组织外部资金的流入，对于农村市场化发展未必是件有益之安排。

人役权本身具有流通性缺失的特质，虽能体现保障功能，但也是一种亟待诊治的弊病，有人役权性质的宅基地使用权也面临类似的制度困境。从比较法视野来看，自人役权制度在古罗马确立以来，乃至近代，大陆法系的国家并没有改变人役权不可转让的执拗。虽然法国和德国对于人役权本身进行了一定程度修正，允许其在特定领域中基于特定目的冲出这种枷锁的羁绊，但并没有跳出这个鸿沟。[2] 宅基地使用权的限制流通和严格的身份属性在当前面临着诸多理论质疑，有人役权性质的宅基地使用权也面临种种现实挑战。宅基地使用权制度需要寻找合适的出路，突破人役权的制度弊病，通过探讨其再塑造路径实现去身份化，以达到促进流通和财产价值的实现之目的。

---

[1] 参见王崇敏《论我国宅基地使用权制度的现代化构造》，《法商研究》2014年第2期。
[2] 法国《民法典》1956年新增条文以及德国1996年通过的《限制人役权修改法》突破了人役权不可转让限制，但是这种突破也仅仅局限在企业经营目的的企业用益权领域。

三 宅基地使用权流转的正当性

生产力的不断发展会带来生产关系的变动,上层建筑应随着经济基础的变动而自我修正,我国农村土地制度也要随着时代的发展不断演进。宅基地使用权的制度改革重点在于保障农民的居住需求前提之下,适当促进流转,以防止土地资源的浪费,更好地实现其财产价值。

关于宅基地使用权的流转,学界曾开展过激烈的争论:[1] 有的学者明确反对宅基地的流转。他们认为,从社会价值来看,目前宅基地使用权的身份资格限制以及成员间流转限制是土地制度维护农村土地资源稳定和粮食产量安全的重要保障,是维护国家耕地红线的应有之义。我国现阶段以及以后相当长一段时间内,禁止宅基地转让都是符合我国的社会公共利益以及农民整体利益的。[2] 从制度价值来看,宅基地在我国主要起着社会保障作用,对社会稳定有着重要作用。宅基地对农民而言是一种社会保障福利,放开宅基地使用权的流转允许其自由交易,农民可能会因此遭受更大损失而得不到真正收益。[3] 从保障制度来看,我国当前的社会保障制度并不具备流转解禁的现实条件。在当前农村的社会保障机制不够完备和成熟前提下,开宅基地流转之禁则会使农民面临巨大的风险,社会也会面临巨大的潜在隐患。从流转解禁的后果来看,农村宅基地交易可以解决农民一时之需,但这种交易很有可能会导致很多农民居无定所,这是对社会稳定的一种潜在威胁。[4] 反对者从社会背景、

---

[1] 对于宅基地使用权的流转主要有禁止流转论、自由流转论和限制流转论三种不同的观点。禁止流转论主张,基于宅基地的物质保障功能,从农民社会福利的角度,主张国家应该执行严格的农地保护政策。自由流转论主张,宅基地使用权是一种私权,可以像其他的私权一样自由行使和处分,法律不应当强行限制。限制流转论认为,应该采取折中的办法,适当放开流转,并在流转的基础上规范流转行为。

[2] 参见孟勤国《禁止宅基地转让的正当性和必要性》,《农经营管理》2010 年第 5 期。

[3] 参见陈柏峰《农村宅基地限制交易的正当性》,《中国土地科学》2007 年第 4 期。

[4] 参见孟勤国《物权法开禁农村宅基地交易之辩》,《法学评论》2005 年第 4 期。

制度价值和流转解禁的风险等多个角度来否定流转的解禁，并主张制度的设计应当综合考量各种因素，不考虑后果的制度改革必将会带来沉重的代价，最终损害农民的利益。

从实践角度来看，法官在裁判中对于宅基地使用权的流转（排除集体组织内部成员之间）基本上采取禁止的态度。法官禁止的方式一般是通过判决当事人之间所订立合同或者协议违反法律强制性规定，实践中法官禁止宅基地流转的原因却不尽相同，有的是基于违反"一宅一地"原则，有的则是基于流转资格的限制等。不难发现，农村存在着宅基地转让的要求和需要，但法官在裁判中一般都会坚守《土地管理法》等相关法律及法规底线，禁止宅基地使用权的流转。

宅基地承载着稳定社会、保障农民利益的特殊功能，这也使得宅基地制度改革成为农村土地制度改革中最为复杂、最为敏感的领域。[1] 宅基地使用权流转之禁止在一定程度上发挥着重要的社会保障功能，不仅保障了农民乐有所居，而且对维护社会稳定产生了积极效应。基于当时的社会背景来考量，禁止宅基地使用权流转（包括转让、抵押）在一定历史时期具有其合理性和积极意义。但随着经济的快速发展，加之当前农村的社会变迁尤其是在农村改革发展的形势下，允许宅基地使用权的转让、抵押，在法理论、法技术和法政策上都应当得到充分支持。[2]

从法理角度分析，禁止宅基地使用权流转存在着法理上的解释矛盾。首先，公民享有宅基地上建造的房屋所有权，属于公民的合法财产。禁止宅基地的流转，本身与农村已经建造的房屋转让、财产自由转让等相关法律规定存在着自然的法律冲突。[3]《中华人民共和国宪法》（以下简称《宪法》）赋予公民自由处分财产的基本权利，农民处分其

---

[1] 参见董祚继《"三权分置"——农村宅基地制度的重大创新（下）》，《国土资源》2018年第4期。
[2] 参见温世扬《从〈物权法〉到"物权编"——我国用益物权制度的完善》，《法律科学（西北政法大学学报）》2018年第6期。
[3] 参见袁锦绣《农村宅基地使用权法律问题研究》，中国商务出版社，2013，第47~50页。

财产是行使宪法赋予的权利，宅基地流转的限制在某种程度上侵犯了公民处分财产权的自由。其次，对于农民财产处分的限制，在某种程度上违反了《宪法》上的平等原则。通过与城镇居民的权利进行对比，我国现行法不允许农民自由处分其财产，却允许城镇居民自由转让其房屋，在某种程度上是剥夺了农民和城镇居民在财产处分上的平等权。再次，现行法对于宅基地和宅基地上的房屋进行区别规定会导致权利冲突的出现。现行法虽禁止宅基地使用权的单独抵押和转让，并不禁止对在宅基地上已经建造住房的处分。但房屋的转让、抵押等行为所引起的房屋的所有权变动会导致宅基地使用权随之变动，根据"房地一体主义"，房屋和宅基地实际上是结合在一起的，房屋流转也会导致宅基地使用权的变动。因此，通过转让房屋而间接转让宅基地的情形屡见不鲜，这种规避法律的流转方式往往会造成房屋所有权和宅基地使用权分别属于不同的主体的假象，势必会导致权利的冲突，并会带来难以调和的矛盾。

从财产权价值角度分析，流转禁止是对宅基地使用权财产权发挥的一种阻碍。应当看到，财产权也是基本人权，财产权是实现和保障生存权的条件，以保障生存权而限制财产权本身是个伪命题。① 宅基地使用权"流转"的限制使得实践中的纠纷不断，经济价值也因制度的桎梏而不能有效实现,② 这种特殊限制违背了其财产权本质。宅基地使用权虽披着物权外衣，但是由于物权权能的缺失，徒有物权之名，却无物权之实。2016 年，中国人民银行、中国银监会、中国保监会、财政部、国土资源部、住房和城乡建设部印发《农民住房财产权抵押贷款试点暂行办法》，在一定程度上盘活了试点地区的宅基地使用权及其住房的财产属性，以实现促进农村资金流动，从而达到提高土地资源利用效率

---

① 参见郭明瑞《关于宅基地使用权的立法建议》，《法学论坛》2007 年第 1 期。
② 参见陈小君《我国涉农民事权利入民法典物权编之思考》，《广东社会科学》2018 年第 1 期。

的目的。但在我国当前物权框架体制内，宅基地使用权的权能不包含收益和处分，流转的限制严重地限制了其财产价值的发挥，这无异于对农村土地的债权性利用。

  从政策角度分析，自新中国成立以来，我国的宅基地制度经历了由"农民所有、农民利用"到"集体所有、集体利用"再到"集体所有、农民利用"的阶段，最终形成了具有我国特色的宅基地使用权制度。《物权法》起草过程中，对于宅基地使用权的讨论也较为激烈，最终确立了其用益物权的性质。宅基地制度的变革主要有两个阶段①：第一阶段明确了农村宅基地使用权主体、申请与审批程序、用地标准与基本使用规则。第二阶段确立了农村宅基地使用权的申请以户为单位，并且确立了一户一宅的原则。2018年《中共中央 国务院关于实施乡村振兴战略的意见》强调了乡村振兴战略的重要性，并提出要以"深化农村土地制度改革，完善产权制度和要素市场化配置"为重点，探索宅基地"所有权、资格权、使用权'三权分置'"。宅基地"三权分置"的政策目的是适度放活宅基地使用权，使其能够在一定限度内自由流转，赋予农民包括收益和处分在内的权能，满足农民的财产性权利。伴随着市场化的不断深化，如果继续排斥农村宅基地的商品化、资本化和市场化，那么对于农民来讲不再是一种利益保护，而是一种财产性利益的损失。

  我国现行的宅基地制度是围绕农民的利益保障为核心建立起来的，农村宅基地的制度变革不仅要实现保障功能，还要体现在其流转功能的解禁，更好实现土地资源的财产收益。② 宅基地使用权的流转或处分是宅基地财产属性的题中之义，③ 基于市场化的需求，如果再继续严格限

---

① 参见丁关良《1949年以来中国农村宅基地制度的演变》，《湖南农业大学学报》（社会科学版）2008年第4期。
② 参见温世扬、潘重阳《宅基地使用权抵押的基本范畴与运行机制》，《南京社会科学》2017年第3期。
③ 参见高圣平《宅基地制度改革试点的法律逻辑》，《烟台大学学报》（哲学社会科学版）2015年第3期。

制农民处理这种财产性权利，不仅不能满足农民的财产性需求，还会不利于宅基地财产权价值的发挥。宅基地使用权流转之"解禁"，不仅是政策上农地制度改革的迫切要求，也是时代需要对法律完善提出的迫切要求。

四 宅基地使用权流转的理论塑造

地上权制度源于古罗马，并相继被大陆法系国家继承与发展。作为一种古老的物权形式，它为解决土地所有权和土地用益权之间的矛盾提供了很好的思路，也对后世的用益物权制度产生了重大影响。[①]

古罗马设立地上权是为了保护地上权人的建筑物所有权，排除土地所有权人依添附规则取得的情形。在德国，地上权虽作为用益物权的形式，但已经成为一种"相似所有权"，[②] 地上权的效力得到了增强，内容得以明确。《日本民法典》扩大了地上权的内容，并且将地上权列为借地权的一种，包括了区分地上权和法定地上权，法定地上权坚持了土地权利与建筑物权利相分离的原则。我国台湾地区对地上权制度的有关规定几经修改，在调节土地资源的利用方面发挥着不可替代的作用，更好地适应了农业现代化的发展需求。我国清朝末年曾经在他物权部分设立了地上权制度，1930年《中华民国民法》规定了地上权的基本概念和制度规则，符合近代地上权的发展潮流。地上权制度得到了很好的继承和发展，其内容也在随着时代的发展不断丰富，具有极强的包容性和灵活性。

宅基地使用权的地上权塑造可以突破人役权所具有的弊病。宅基地使用权的地上权塑造路径较人役权属性而言，具有一定的优越性。首先，从权利主体角度，宅基地使用权的主体仅限于农村集体经济组织成

---

① 参见叶成朋《地上权制度在我国的演进和价值定位》，《改革与战略》2008年第10期。
② 参见孙宪忠《德国当代物权法》，法律出版社，1997，第31页。

员内部，具有封闭性。而地上权则对权利主体没有特别限制，具有一定开放性。其次，从权利内容来讲，宅基地使用权人仅享有占有和使用的权利，其并不能够对宅基地进行收益和处分，其流转受到严格的限制。而地上权的权利内容则比较丰富，除了占有使用之外，权利人还可以进行收益和处分，侧重其财产价值的发挥。最后，宅基地使用权是无偿的，并且没有期限的限制。无偿性是宅基地福利性质的体现，而且宅基地使用权的期限没有明确规定。地上权并没有特殊规定为无偿性，而且为了保护权利行使，地上权一般都会设有较长的期限。通过对两者的性质对比，将宅基地使用权作为一种地上权来塑造，不仅能够将我国传统理论与我国特殊的农地使用制度相结合，还能够突破人役权制度本身所携带的身份性"硬伤"，更好促进其流转，彰显其财产价值。

宅基地使用权的地上权塑造还可以实现"三权分置"的政策目的。宅基地"三权分置"改革的实质就是进行"还权赋能"，从占有权、使用权、收益权和处置权四方面拓展宅基地使用权的权利内容。[1] 地上权性质的宅基地使用权能够在当前市场化的背景下冲出人役权的枷锁，赋予农民更多的财产性权利，有效盘活农村的资源和财产，实现"三权分置"的政策初衷。宅基地使用权的再塑造不是简单地将其赋予流转的权能，[2] 还需要对其进行适当限制，以防止土地资源的流失和对农民利益的侵害。从改革方案上分析，宅基地"三权分置"的政策实现不仅需要突破理论上的障碍，寻求"三权"衍生的理论基础，还需构建相应的制度体系来予以支撑，对我国宅基地的体系进行重新架构。与"三权分置"的改革路径相比，地上权塑造是在原有制度基础上的改良

---

[1] 参见韩立达等《农村宅基地"三权分置"：内在要求、权利性质与实现形式》，《农业经济问题》2018年第7期。

[2] 有的学者指出，"如果该使用权仍然是原来的宅基地使用权，可以通过修改法律允许其自由流通，提出'三权分置'的意义和价值也就不存在了。即无须再行创设新的权利类型，直接允许原来不能转让的宅基地使用权得以转让即可"。参见席志国《民法典编纂视域中宅基地"三权分置"探究》，《行政管理改革》2018年第4期。

方案，而不是从根本上意义上的体系重构。相较于"三权分置"的制度探索，利用传统地上权的路径来塑造，不仅成本低，而且可以减少制度跨越中出现的风险。宅基地的地上权塑造也不是简单的理论修正，是一个综合考量和体系构建的过程，需要合理的制度设计来达到实现流通价值和社会保障功能。

第四章　宅基地使用权流转的制度建构

宅基地使用权的流转应予以适当"解禁",从而回归其财产权本质,促进融资功能的实现;借助确权登记完成之契机,采取登记生效主义规则,实现物权变动的公示;探索有偿性的取得机制,并采取区别对待的方式构建;宜采取自愿为基础的退出、补偿模式,并完善保障农民利益的多重补偿机制;应强化集体土地所有权,防止其弱化和虚空,落实集体成员权,实现农民权利的保障。宅基地使用权的地上权塑造不仅需要理论上的归正,还需要相关的制度设计。宅基地使用权的流转需要适当解禁,并在流转的过程中进行适当限制。宅基地使用权的放活须在稳定中实现,应当通过相应的制度设计和基础保障来实现制度改革之目的。

一　宅基地使用权流转的适度限制

在我国现行的法律框架内,宅基地使用权流转的内涵及边界并没有明确。按照其他权利流转的定义以及文义解释,宅基地使用权的流转是指依法取得宅基地使用权的法律主体将宅基地使用权以一定方式处分给他人的法律行为。[①] 适度放活宅基地使用权,应当承认通过转让、互

---

① 参见蒋晓玲等《农村土地使用权流转法律问题研究》,法律出版社,2011,第160页。

第四章　宅基地使用权流转的制度建构

换、赠予、继承、出租、抵押、入股等方式流转的合法性，其中转让、互换、赠与只能在本集体经济组织成员之间进行，出租、抵押、入股、继承可以在非本集体经济组织成员之间进行。[1]

宅基地使用权的制度变革不仅需要实现其财产价值，还需要兼顾其社会保障功能，二者不可偏废。权能完整的宅基地使用权是农民基于其集体成员身份而拥有的法定权利，明显的社会福利性质和社会保障功能在我国未来很长一段时间内将会持续。[2] 宅基地使用权的流转不仅要实现对闲置宅基地的利用，体现宅基地资源实际利用主体的开放性，[3] 还需坚持其福利保障功能和取得的身份限制。开宅基地流转之禁可以使土地权利人将宅基地的财产利益予以实现，但同时还会增加一定的风险。从立法的出发点及落脚点来分析，宅基地使用权制度作为一项起着重要社会保障以及资源保障的制度，不仅要保护基层农民基本生存权，同时还需要促进土地资源的合理利用和土地安全，防止资源浪费。[4]

宅基地使用权流转的"解禁"不是承认宅基地的无条件流转，而应当是适度、逐步放开。宅基地使用权流转的适度"解禁"应当继续坚守以下几个原则。

首先，严禁城镇居民购买宅基地及宅基地上的房屋。国家对于宅基地的流转的态度经历过一番变化，最初是允许城镇居民购买农村房屋及其占用范围内集体土地使用权，随后在政策指引下加强了对集体建设用地的管制，开始禁止城镇居民购买农村房屋。从国家对待城镇居民购买农村房屋的态度上可以看出，社会保障功能是宅基地所承载着的重要历

---

[1] 参见董祚继《"三权分置"——农村宅基地制度的重大创新（下）》，《国土资源》2018年第4期。
[2] 参见陈小君等《后农业税时代农地权利体系与运行机理研究论纲——以对我国十省农地问题立法调查为基础》，《法律科学》（西北政法大学学报）2010年第1期。
[3] 参见宋志红《宅基地"三权分置"的法律内涵和制度设计》，《法学评论》2018年第4期。
[4] 2009年国土资源部提出"保经济增长、保耕地红线"行动，坚持实行最严格的耕地保护制度，耕地保护的红线不能碰。耕地红线，指经常进行耕种的土地面积最低值，具体是指现行中国18亿亩耕地红线。

史使命。国家之所以禁止城镇居民购置宅基地，严禁这种日益频繁的交易行为，是出于保护土地资源的目的，防止资本过度流入农村造成土地的流失。

在现阶段，农村土地资源的供求关系和发展状况决定了仍不可开城镇居民购买宅基地的口子。一方面，宅基地是一种稀缺的土地资源，我国农村仍然面临着土地供给不足的矛盾。城镇和农村仍然存在着一定的经济差距，宅基地制度的首要目标应当是满足农村的需求。另一方面，一旦允许城镇居民购买宅基地，大量城镇资本将会涌入，会使宅基地面临巨大风险。我国农村虽出现了"大量房屋闲置"的问题，但该现象出现的根本原因并不是农村宅基地资源丰富，而是由于宅基地没有得到充分利用。此种矛盾宜通过发挥集体经济组织的权能，以收回或者是有偿使用的方式，通过宅基地使用权的有序流转来予以解决。

其次，坚持"一户一宅"的申请原则。我国现行法规定了农村村民能够拥有的宅基地的数量和法定标准，农村村民出卖和出租宅基地上的房屋是被允许的，只是出卖和出租后再申请宅基地不能得到批准。宅基地使用权不仅可以通过申请原始取得，还可以通过其他方式如买卖、赠予或继承等继受取得，后种方式是基于房屋所有权而取得的。故此，现实中，"一户多宅"的问题难免会存在。如果禁止农户拥有两处以上的宅基地，现实中的"一户多宅"的现象就可能会被认为是不合法的，那么农民的财产利益得不到保障。因此，对于"一户一宅"的原则应当予以明确定位，将其界定为农户只能申请一处宅基地，法律不应当禁止农民通过合法的方式来取得两处以上的宅基地。对于"一户多宅"的情形，应当通过集体经济组织的统筹规划，可以采取自愿原则上的内部转让或集体统筹上的有偿收回等方式来予以调节。如果农民拥有两处以上的宅基地但不愿意转让，导致宅基地闲置的，农村集体经济组织可以发挥其权能，对其进行重新规划或调整，并给予适当补偿，防止资源浪费，保障土地资源的集约使用。

最后，加强流转的监督和管理。为了防止在宅基地流转中耕地减损现象的出现，促进土地资源的可持续利用，应当加强公共权力对于土地权利人的干预和限制。[①] 土地用途的监管是为了严格地控制耕地的数量，防止耕地向建设用地转化，特别保护耕地资源。耕地是我们国家的稀缺资源，农地转化为建设用地会增加其经济效益。随着宅基地流转的解禁，其财产价值会更加凸显。在流转过程中要严格限制土地用途的转变，不仅要坚持宅基地的居住保障功能，严格控制宅基地用途的方向，防止宅基地使用权流转过程中的土地资源流失和浪费，还要控制耕地向宅基地的转变。随着农村宅基地供给的日趋紧张，存在诸多将耕地转变为宅基地的情形，大量的耕地流失会导致耕地后备资源不足，严重威胁国家的粮食安全。农村村民建住宅，应当合理利用和集约利用土地，严格按照土地利用规划，不得超过用地标准。村集体经济组织应当做好合理、科学的规划，坚持预见性与预防性相结合，从宏观上来对土地利用规模进行管控。积极引导正确的土地利用方向，严格限制宅基地的流失，平衡集体土地的供求关系。按照国家要求，确立宅基地的面积标准，对于超出标准的宅基地予以统一规划，或采取有偿使用的方式来予以调节。

二 宅基地使用权流转的"登记生效"规则

我国《民法典》对宅基地使用权的取得、转让和消灭等进行了宣示性和衔接性的规定，与之相匹配的法律仅规定了其审批和收回的事项，并没有明确物权变动的具体规则。地上权性质的宅基地使用权流转的功能会更加凸显，需要配套设计其物权变动规则，即明确是否需要登记以及登记的效力问题。

---

① 参见曹泮天《宅基地使用权流转法律问题研究》，法律出版社，2012，第178~183页。

现行法背景下，我国宅基地使用权的取得以完成审批程序为条件，[①] 物权变动采取登记对抗主义的模式。[②] 究其原因：一方面，基于我们国家农村土地制度的特殊性。考虑到农村宅基地流转的特殊性，农村流动人口较少，赋予登记的义务会增加农民的负担。根据集体组织内部转让规则的限制，宅基地使用权流转并没有形成一定的规模，在熟人社会的农村，进行转让后即可产生宣示的效力，在组织内部办理过户登记没有太多的必要。另一方面，我国农村尚未健全不动产登记确权制度。在原《物权法》制定的时代背景下，我国农村宅基地登记工作并没有完全落实，大量农村宅基地处于未登记状态。宅基地权能的实现一般是通过占有的方式来实现，现行法并没有严格要求办理登记过户手续。农村进行宅基地使用权转让仅需要签一份合同或者是只是简单地达成合意即可，宅基地的登记意识并没有真正植入农村，统一宅基地登记在当时是不具备现实条件的。

确立"登记生效"的物权变动规则在当前是具有可行性的。首先，在目前确权工作已经基本完成的基础上，宅基地使用权的取得和流转纳入登记范畴必将成为现实。考虑到户籍制度和宅基地管理制度的不衔接，为了保障不动产的市场，我国开始实施了不动产的确权登记工作，宅基地使用权的确权工作已经基本完成，这为登记生效提供了基础保障。其次，采用登记主义不仅能够彰显物权公示原则之精神，还可以更好地实现社会保障功能和财产价值。完备的登记制度有助于规范各类主体的利用活动，既有利于形成统一规范，又有利于彰显权利状态。[③] 最后，考虑到宅基地使用权未来视野下流转的普遍性，以及交易安全和社

---

① 我国《不动产登记暂行条例》中规定，宅基地使用权属登记事项，且在宅基地使用权转让或消灭时，应当及时变更登记或者注销登记。虽然，对于宅基地的使用权的登记采取的是登记对抗主义，但是对于登记对抗和登记生效的选择在理论界和实践中还存在争议。
② 参见王利明《关于物权法草案中确立的不动产物权变动模式》，《法学》2005 年第 8 期。
③ 参见陈小君、蒋省三《宅基地使用权制度：规范解析、实践挑战及其立法回应》，《管理世界》2010 年第 10 期。

会稳定，采取"登记生效"主义的物权变动规则是符合发展要求的。地上权性质的宅基地使用权流转需要按照不动产物权变动的规则进行登记，既符合农村宅基地未来发展的需要，也能够实现权利的明确和权威性，促进农民利益的实现。

三 宅基地使用权流转取得与退出机制的构建

我国对于宅基地的有偿使用制度也经历了复杂的变革过程，[①] 该制度的几番变化体现了在社会保障功能和财产利益价值的实现之间还有所顾虑和斟酌。权益是产权权能的最终体现，由流转解禁所带来的产权权益需要在集体、农户和流转主体之间公平合理分配。农村宅基地的合理退出、补偿机制不仅能够提高农村土地的利用效率，缓解土地供需不平衡问题，还会增强对失地农民的福利保障，促进农村经济的发展。

（一）区别对待下的有偿取得

"耕者有其田，居者有其地"是历代农民所渴望的美好生活愿景，国家对农民无偿分配宅基地的初衷是给予农民最低限度的制度保障，保障最基本的居住需求。宅基地无偿使用是基于福利性而进行的制度设计，宅基地无偿使用有其历史背景和国情考量，在一定程度上应当予以肯定。特定历史时期，这种制度安排保障了农民的居住权利，维护了社会稳定，发挥了农村土地的保障功能，体现了该制度的价值。但无偿性的制度安排在实施过程中出现了诸多弊端，例如，农村大量宅基地的闲置造成土地资源的浪费，"一户一宅"的原则受到了无偿性的严重冲

[①] 例如，1990年确立农村宅基地有偿使用的试点，确立了"取之于户，收费有度；用之于村，使用得当"；1993年中央办公厅、国务院彻底取消了有偿使用收费和超占费；2009年，国土资源部又开始积极探索建立宅基地有偿使用制度，提高宅基地的利用率，以上总结体现了宅基地使用权有偿使用的历史演进和探索历程。

击;[1] 基于对利益的渴求，"暗流"涌现，个别行政权力在灰色地带发挥着不正当的影响力。

宅基地有偿使用制度在提出伊始，就面临重大的挑战和质疑。从制度的设置价值来看，宅基地的有偿使用是对无偿使用的一种历史演进和制度补充，是无偿使用制度适应时代发展的能动性表现。有偿使用制度的优势体现在其能够实现农村土地产权制度和管理性的结合，配合相应的使用年限可以在一定程度上控制宅基地的占用面积，引导村民合理高效利用土地。尤其是在宅基地流转解禁的背景下，宅基地的财产价值日益凸显，有偿性的取得可以防止土地资源的浪费，促进宅基地的集约利用。

有偿取得机制的构建，不仅需要阶段性实现，还需要在此过程中区别对待。

首先，对于宅基地的原始取得或者是基于自然灾害等导致宅基地消灭的，为了实现宅基地的福利性和保障性，在重新分配时可以采取无偿取得的方式。其次，针对浪费土地资源或者是乱占等现象，应当采取有偿使用的规则。例如，长期将宅基地空闲（设定一定期限，从原始登记取得之日起计算）、超过规定面积使用（包括自己开垦周边的荒地或者是进行植被种植）、用于非住宅性用地（建造商品房出租、出售或者是进行厂房建设）、基于继承取得而占有两处宅基地以上以及放开流转后非集体经济组织成员取得宅基地的情形等。再次，针对有偿使用的价格标准，需要法律予以明确指引，国家给出一定的参考，由地方根据本地区的具体情形来适当确定。最后，对于有偿使用收益的使用，应当进行严格限制。村集体经济组织应当成立专门的基金来管理所获得的收益，并将之限定于宅基地的功能性改造以及与宅基地相关的设施建设，

---

[1] 参见周洪亮、陈晓筠《从"一户一宅"的视角探讨农村宅基地使用权取得》，《中国农业大学学报》（社会科学版）2007 第 1 期。

而非用于其他的目的。①

（二）自愿基础上的退出补偿机制

实施有偿退出的目的是积极引导农民将闲置的宅基地交回集体手中，在保障农民利益的基础之上，实现土地资源的集约使用，减少土地资源浪费。现行的宅基地退出机制问题凸显。一方面，部分地区在不良动机引导下开展宅基地退出活动，并没有充分听取农民的意见，部分农民被迫更换住处，农民自己的意愿并没有被尊重。另一方面，对于失地农民的补偿措施不到位、补偿标准过低。地方实践中，补偿标准一般是由政府来确定，往往没有考虑到宅基地的实际价值，也未考虑其增值的部分。补偿标准的方式单一、标准过低的问题使得失地农民的基本权利得不到保障。

宅基地退出补偿是利用一项引力机制来引导农户自愿退出宅基地，②应当从尊重农民意愿和提高社会保障两个角度来进行构建。一方面，应当充分地尊重农民意见，在农民自愿的基础之上，提高农民利益主体的自决力，以协商的形式确定补偿机制，全方位保障农民利益。另一方面，需落实相应的后续保障，探寻多方位的补偿机制，提高补偿标准。补偿方式避免单一，可以考虑多样式的补偿机制。例如，收益分红、提供养老保险金模式。补偿标准应依据住房保障价值、生产要素价值、经济价值、期望价值来制定。针对宅基地补偿机制也需要区别对待。无偿取得的宅基地在退出时，应该遵循公平原则实行无偿退出模式；在有偿取得的情形下，例如，非集体经济组织成员的退出，则需要进行相应的补偿，退出的费用由集体经济组织的基金来承担。

---

① "社会主义公有制条件下，地租、地价收入不再有剥削性质，国家作为城市土地的所有者，所得的收入全部用于城市建设。"以此为参考，集体经济组织的地租、地价收入也不能作为他用。参见黄小虎《土地与社会主义市场经济》，中国财政经济出版社，2008，第36页。
② 参见徐小峰等《农村宅基地退出与补偿的几点思考》，《国土资源报》2011年第8期。

四 宅基地使用权流转的制度保障

土地资源市场化的过程，既是集体土地权人对其享有的财产权利处分的行为，也是集体土地所有权的实现过程。[①] 探索新时代下强化集体所有权的路径，并切实保护农民集体组织成员的切身利益，才能更好地充分发挥农村土地的财产价值，为宅基地使用权的地上权塑造奠定制度基础。

（一）集体土地所有权的强化

强化集体土地所有权是实现土地资源有效配置的前提和基础。集体土地所有权是建立在土地公有制基础上的，集体土地所有权的处分不包括对所有权本身的处分，而是一种权利负担设定和所有权权能的处分。[②] 集体所有本质上应当是劳动者在共同占有生产资料的基础上实现民主管理，走向共同富裕的财产形式，[③] 其中包含着丰富的土地管理和利用智慧。农民集体土地所有权的法权构造更为复杂，也更强调主体制度尤其是集体成员组成下的意思表达。[④] 集体土地所有权的权利负担以及处分权能限制并不代表其本身的弱化和虚空，而恰恰是制度本身所体现的实现农民利益最大化的价值追求。

落实集体土地所有权就是要保障集体所有权的权能完整化，立法上需借助于集体成员权的法律制度设计。[⑤] 重视农民集体在宅基地分配、

[①] 参见曹泮天《宅基地使用权流转法律问题研究》，法律出版社，2012，第165页。
[②] 参见韩松《论农民集体土地所有权的处分权能》，载《土地法制科学》第1卷，法律出版社，2017。
[③] 参见王利明《物权法论》，中国政法大学出版社，2003，第287页。
[④] 参见陈小君《我国涉农民事权利入民法典物权编之思考》，《广东社会科学》2018年第1期。
[⑤] 参见孙宪忠《农村土地"三权分置"改革亟待入法》，《中国人大》2018年第15期。

退出和流转中的职责,不能一味忽视其所有权的权能,[①]否定集体土地所有权。我国农村集体土地所有权制度经历了历史审视和检验。但在集体土地所有权的发展过程中出现了一些弊病。一方面,集体土地所有权的虚化。关于集体土地所有权的法律规定较为笼统,集体土地所有权的权利架空,使得集体土地所有权是一种有名无实的存在。另一方面,集体组织内部作用没有充分发挥。实践中往往出现集体组织领导人决策的现象,并没有充分发挥集体组织讨论决定的优势作用,阻碍了农民集体意志的表达。

为了保障宅基地制度改革的实现,应对农村集体土地的权能进行强化,赋予其完整的权能。一方面,赋予集体所有权较为完整的权能。农村集体的内部管理以及宅基地的收回、处分都依赖于集体经济组织权能的发挥,集体土地所有权的强化不仅不会影响宅基地使用权的行使,还能够为其提供基础保障。另一方面,强化集体经济组织的管理职能。在流转过程中对于特定情形的流转需要收取一定费用,强调农村集体经济组织的收益权能可以更好地发挥其管理职能,为宅基地的流转提供制度支持。农村集体经济组织的处分和收益权能行使,需要强化集体组织的内部讨论,设置必要的程序来实现内部自决,保障权利行使的合法化。通过保障集体土地所有权可以更好地协调各方利益,解决出现的利益纷争。

(二)集体组织成员权的保障

集体成员权是基于农户作为集体经济组织的成员而设定的,需要保持长久的稳定关系。[②] 农村集体成员权是对于各项附着在地上权利的一

[①] 《物权法》明确规定了国家所有权和集体所有权、私人所有权,在所有权的权能分配上,肯定了城镇集体所有权的权能,却未认可农民集体所有权的权能。

[②] 参见董祚继《"三权分置"——农村宅基地制度的重大创新》,《中国土地》2018年第3期。

种保障。宅基地使用权是农户基于集体成员权所获得的住房福利保障，是与其他制度共同作用形成的"路径依赖"。集体经济组织成员权不仅是集体成员身份的标识，更是其权利实现的重要保障。

在宅基地使用权的取得与退出机制构建中，集体经济组织成员的资格认定成了一个关键问题。随着社会经济快速发展，地区之间人员流动变得越来越普遍与频繁，加之城乡一体化进程的加快，对于"户"的界定以及构成就显得更加重要。以"户"为基础的标准认定，既表现出了浓厚的福利保障性质，又可以通过适度放活宅基地使用权来增加财产性收入，这既是政策设计的初衷，也是实现权利最大化的途径。

集体经济组织成员权的保障可以从四个方面入手。

其一，构建集体成员权的认定标准。原《中华人民共和国民法总则》规定了个体工商户和农村土地承包经营户的民事主体地位，但现行法没有对集体成员的范围和认定标准予以明确，实践中更多的是以户籍来作为认定集体成员的标准。[1] 对于集体成员资格的认定应当以户籍认定为基础，综合考量其他因素，如果能够证明自己存在其他情形也可以作为认定集体组织成员的认定标准。其二，构建自愿和强制退出的模式。农村集体成员自愿退出时，应在保障基本居住条件的前提下，允许其将宅基地退还给集体；强制退出则是指对于未按照规定合理使用宅基地的情形，例如超出面积不缴纳费用、改变宅基地使用用途或者未按照规定办理相关手续等情形，集体经济组织可以按照法定程序将宅基地予以强制收回。其三，建立成员权的保留制度。农户暂时不使用宅基地的时候，可将唯一宅基地退还给集体，但是可以保留其资格。[2] 将来农户需要建房时，可依据其成员资格再次申请获得宅基地。其四，对集体组

---

[1] 基于此，学理上也就形成了四种不同的观点：户籍说、生活来源说、权利义务说和系统分析说。户籍说强调以农民的户籍为认定标准；生活来源说从生活保障角度出发，以是否依靠集体经济组织的财产为生活来源作为判断标准；权利义务说以是否为集体承担相应义务为判定标准；系统分析说强调综合考量各种因素来判断。

[2] 参见孙宪忠《农村土地"三权分置"改革亟待入法》，《中国人大》2018年第15期。

织成员权的保障还体现在保障集体成员的监督权。通过监督权的行使，不仅能防范非农化风险，还能够防止地方的集体经济组织滥用职权，造成集体经济组织的虚化，损害集体成员利益。

五 小结

随着乡村振兴战略向纵深推进，农民的生产生活方式发生了巨大变化，实践要求宅基地由福利保障性资产逐步向财产性资产转变。基于社会保障功能的宅基地使用权具有"人役权"的权利属性，"三权分置"的土地政策旨在实现土地资源的集约使用，促进土地财产价值的实现。"地上权"路径的选择是对宅基地制度本身的再塑造，不仅能够实现"三权分置"的政策目的，还能解决人役权本身的制度弊病。宅基地使用权的制度再塑造不仅需要理论支撑，还需要制度设计，最终体现于立法表达。

立足于当前宅基地使用权的制度背景，并结合"地上权"塑造的路径，宅基地使用权的制度变革主要体现在以下几个方面。第一，权利内容：丰富宅基地使用权人的权利内容，增加宅基地使用权人"收益"和"处分"的权能。第二，适度流转：采取有限制的流转规则，明确内部流转和外部转让的形式和限制，禁止城镇居民向农民购买宅基地和宅基地上的房屋。第三，物权变动：采取登记生效主义，明确宅基地的物权变动模式。第四，申请原则：坚持"一户一宅"的申请原则，对"一户多宅"采取统一规划和有偿使用的模式规制。第五，取得与退出：探索区别对待有偿使用制度和在自愿基础上构建退出补偿机制。第六，基础保障：强化集体组织权能，做好监管和规划；落实集体资格认定，保障集体组织成员权益。

第五章　宅基地使用权入股的实现路径

农村宅基地制度改革对增加农民财产性收入和实施乡村振兴战略具有重要意义。宅基地使用权入股在价值层面上存在股东权益与债权人权益冲突、居住保障与市场自由流通冲突及法律制度与社会实践冲突等既有矛盾，在制度运行中存在法律规则缺失、设立机制受限及配套措施缺位等现实问题。为提高宅基地利用率，深度挖掘土地使用权益，应寻求宅基地使用权入股的破解之路——通过完善宅基地入股立法体系、优化宅基地入股设立机制及搭建宅基地入股运行架构，构建系统完善的宅基地使用权入股机制，实现乡村振兴与巩固拓展脱贫攻坚成果有效衔接。

宅基地制度作为保障农民安居乐业的基础性制度，不仅是新时代乡村振兴战略实施体系的重要制度安排，而且是农村土地制度改革中最复杂、最敏感和最难决断的一项紧迫任务。宅基地"三权分置"是我国农村土地制度改革的重大理论与实践创新。[1] 宅基地"三权分置"是宅基地所有权、资格权和使用权分置，落实宅基地集体所有权、保障宅基地农户资格权、适度放活宅基地使用权。[2] 2018年《中共中央　国务院关于实施乡村振兴战略的意见》首次明确提出完善农民闲置宅基地和

---

[1] 参见郭贯成等《新中国成立 70 年宅基地制度变迁、困境与展望：一个分析框架》，《中国土地科学》2019 年第 12 期。

[2] 参见高海《宅基地"三权分置"的法实现》，《法学家》2019 年第 4 期。

闲置农房政策，探索宅基地的"三权分置"。[①] 自此，宅基地"三权分置"成为改革实践和理论研究中的高频词汇。

目前，以"三权分置"为核心的宅基地制度改革正在全国加快深入推进。尽管盘活闲置宅基地已成为"三权分置"改革的主旋律，但对于宅基地使用权入股这一盘活利用和权利流动的重要方式却没有充足的法律依据。学者对这方面的针对性研究尚不充分，不能为宅基地使用权入股的可行性提供强有力的理论支撑。探寻宅基地使用权入股的途径，既是回应改革主题、弥补研究不足之需，也是保障农民权益、平衡多方利益和促进城乡融合之需。

一 宅基地使用权入股的冲突之困

（一）居住保障与市场自由流动冲突

党的十八届三中全会以来，宅基地制度改革重点在于发挥农村土地的财产性功能，从而提高农户的资产性收入。但我国农村土地长期排斥市场机制的介入，相比城市住宅用地使用权的市场化配置，农村宅基地在流转对象、财产权能与利用方式上均受到了限制。

《宪法》第10条、《土地管理法》第2条等均规定，集体土地所有权不得转让。我国实行社会主义公有制，宅基地所有权属于村集体，村民仅享有宅基地的使用权。故村民无权处分宅基地所有权，即使其使用权的流转也受到严格限制。该设计旨在通过限制宅基地的权利流转，减少市场干预，降低相应风险，从而达到以限制求保障的效果。然而，该种限制在一定程度上妨碍了宅基地使用权的流通性与市场化，只有解除附着于宅基地上的身份性要素，让宅基地使用权可以契约方式在市场中

[①] 参见刘恒科《宅基地"三权分置"的政策意蕴与制度实现》，《法学家》2021年第5期。

自由配置和流动，方能充分体现其财产价值。① 正如梅因所言："所有进步社会的运动都是一个'从身份到契约'的运动。"② 当下，"从身份到契约"已成为社会进步的通识性判断标准，而契约化则是市场经济最本质的制度特征。③ 农户或者集体经济组织一旦通过宅基地使用权的流转获得融资，整合土地、资金、人力等生产要素，便可以在自身与他人之间形成经济循环。在物品、服务市场与生产要素市场中，农户分别充当卖方与买方的角色，就能极大地促进乡村经济的发展。

社会主义社会以不同形式的生产资料公有制作为公民生存权的保障，农村集体经济组织向农户提供宅基地使用权以保障农民生存。要想将宅基地使用权入股由文本规定转化为实践运用，需要对生存居住保障与市场自由流动两种价值取向予以精准识别、科学判断以及有效平衡。若过于强调宅基地使用权承载的保障功能，其市场化探索之路必然举步维艰；但若因此淡化宅基地的福利性和保障性，过于追求其财产价值，则是对宅基地制度改革宗旨的背离与误读。④

（二）法律制度与社会实践冲突

为平衡拆迁补偿价款过高、拆迁后高额租金回报不复存在与城中村改造刻不容缓之间的矛盾，深圳市重点旧改项目田厦新村推倒重建工程采取了村民以宅基地使用权入股改造城中村，并参与项目利润分配的创新性方式。⑤ 在贵州省六盘水市，农户可以将已价值评估和确权登记的宅基地使用权作价入股企业、合作社，农民成为该企业、合作社的股

---

① 参见李苑玉《宅基地使用权入股的冲突识别与难点破解》，《行政与法》2022年第5期。
② 〔英〕梅因：《古代法》，沈景一译，商务印书馆，1959，第112页。
③ 参见陈国富、卿志琼《从身份到契约：中国制度变迁的特征透视》，《人文杂志》2000年第3期。
④ 参见李苑玉《宅基地使用权入股的冲突识别与难点破解》，《行政与法》2022年第5期。
⑤ 参见周涛、李咏《深圳城中村改造 尝试宅基地入股》，《经济观察报》2006年10月30日，第13版。

东，从而按股分红。[1] 因此，宅基地使用权入股既可以实现宅基地的高效、长远利用，便于农村土地的统筹规划，又可以让农民充分获取宅基地的经济价值，使集体经济焕发活力。[2]

目前，我国对于宅基地使用权设置了诸多限制性规定，与城市建设用地使用权相比，存在着不平等与不合理性。[3] 滞后的宅基地相关法律制度使得社会实践中的创新型模式欠缺法律论证和推广应用的可能。一方面，《民法典》缺乏对宅基地使用权中收益权能的规定，使得其下位法与特别法的规定均缺乏基本法支撑。另一方面，根据《中华人民共和国公司法》（以下简称《公司法》）相关规定，股东应当将其入股财产的所有权转移至公司法人名下，公司对入股财产享有支配权。同时，《土地管理法》第9条第2款明确规定，宅基地属于农民集体所有。这意味着在宅基地使用权入股时，公司将无法获得宅基地所有权。故如何将入股的宅基地使用权纳入公司财产之中，仍存在较大的法律障碍。[4]

（三）股东权益与债权人权益冲突

债权人与股东之间的利益平衡通过维系公司或者专业合作社资产的独立性、完整性实现。为保障宅基地的保障性与封闭性，农民一方受到特殊保护。[5] 为维系资产的独立与完整，作为股东的农户与债权人之间会出现利益冲突。

宅基地一旦在市场中开始流转，市场主体便更关注其交易价值。现实状况是，集体经济组织按照法人进行改制的现象仅发生在比较富裕的

---

[1] 参见林虎《农村宅基地"三权分置"改革：困境与路径选择》，《荆楚学刊》2019年第5期。
[2] 参见肖顺武《从管制到规制：集体经营性建设用地入市的理念转变与制度构造》，《现代法学》2018年第3期。
[3] 参见高圣平《宅基地制度改革与民法典物权编编纂——兼评〈民法典物权编（草案第二次审议稿）〉》，《法学评论》2019年第4期。
[4] 参见王晶《宅基地使用权入股的法律冲突与协调》，《河北经贸大学学报》2023年第1期。
[5] 参见李苑玉《宅基地使用权入股的冲突识别与难点破解》，《行政与法》2022年第5期。

农村，多数农村集体经济组织尚未完全实行市场化的运作模式。如此背景下，就可能存在评估宅基地交易价值的成本过高的问题。就出资环节而言，缺少资产评估机构和宅基地的流转市场，对于宅基地使用权的评估难以保证公平。就退出环节而言，一方面，当农民主动退股时，应当退回货币还是宅基地使用权仍存在争议；另一方面，当公司被动退股时，财产清算时可否将入股的宅基地使用权用于清偿债务也存在争议。

二 宅基地使用权入股的可行论证

(一) 宅基地使用权入股的法律基础

《宪法》第10条第4款规定："土地的使用权可以依照法律的规定转让。"这为宅基地使用权流转提供了最基本的法律遵循。我国现有法律并未完全禁止农民流转其宅基地使用权，[①] 仅对流转主体进行了较为严格的限制，如"禁止城镇居民购买宅基地使用权"，[②] 这为我国探索宅基地使用权入股流转保留了可能。

由于宅基地使用权入股在法律层面上没有明确规定，故宅基地使用权入股的可行性具有充足的探讨空间。《公司法》中关于股份的部分规定为宅基地使用权入股流转提供了可行性参考。《公司法》第四章、第五章以及第27条的规定，分别从期限、出资方式等角度为农村宅基地使用权入股奠定了制度基础。《民法典》第342条规定了土地经营权的流转方式，[③]《中华人民共和国农民专业合作社法》则规定农民专业合作社是由村民组成并服务于村民的互助性经济组织，有学者认为，以上内容与宅基地"三权分置"具有目的上的一致性，因而提出二者的有

[①] 参见李苑玉《宅基地使用权入股的冲突识别与难点破解》，《行政与法》2022年第5期。
[②] 参见史卫民、彭逸飞《"三权分置"下宅基地资格权实现的法治保障》，《中国农业资源与区划》2022年第1期。
[③] 参见王晶《宅基地使用权入股的法律冲突与协调》，《河北经贸大学学报》2023年第1期。

机结合，即以宅基地使用权入股合作社，这亦具有实践上的可行性。①

（二）宅基地使用权入股的政策依据

政策层面上，2016年农业部发布《全国农产品加工业与农村一二三产业融合发展规划（2016—2020年）》，其中明确创建产业融合先导区，并开展宅基地使用权入股等试点工作。② 2018年中央一号文件正式提出宅基地"三权分置"的权利构想，开启了宅基地制度变革的新篇章，其中，"完善农民闲置宅基地和闲置农房政策""保障宅基地农户资格权和农民房屋财产权""适度放活宅基地和农民房屋使用权"等表述均传达了"稳中求活"的政策取向。③ "稳中求活"的内在精神与"还权赋能"的实践导向高度契合，为宅基地使用权入股提供了良好的政策环境。④ 2019年《农业农村部关于积极稳妥开展农村闲置宅基地和闲置住宅盘活利用工作的通知》提出，鼓励有一定经济实力的农村集体经济组织对闲置宅基地进行统一盘活利用，肯定了集体作为宅基地盘活主体的统筹调控优势。⑤

2020年6月中央全面深化改革委员会第十四次会议审议通过的《深化农村宅基地制度改革试点方案》及2020年10月农业农村部发布的《对十三届全国人大三次会议第5359号建议的答复摘要》中，均提到采取入股方式盘活利用闲置宅基地和闲置住宅。⑥ 2020年11月，为确保新一轮改革试点工作有序推进，农业农村部办公厅印发《农村宅

---

① 参见王香萍《三权分置视角下宅基地入股合作社的现实困境与法律进路》，《上海法学研究》2019年总第19卷。
② 参见农业部《全国农产品加工业与农村一二三产业融合发展规划（2016—2020年）》，《农村实用技术》2017年第1期。
③ 参见江帆、李苑玉《宅基地"三权分置"的利益衡量与权利配置——以使用权为中心》，《农村经济》2019年第12期。
④ 参见李苑玉《宅基地使用权入股的冲突识别与难点破解》，《行政与法》2022年第5期。
⑤ 参见佟彤《论乡村振兴战略下农村闲置宅基地盘活制度的规范协同》，《中国土地科学》2022年第9期。
⑥ 参见耿卓《集体建设用地向宅基地的地性转换》，《法学研究》2022年第1期。

基地制度改革试点工作指引》，其中强调允许在一定条件下流转、抵押宅基地使用权，探索赋予宅基地使用权作为用益物权更加充分的权能。[①]

（三）宅基地使用权入股的现实益处

乡村振兴需要重点把握阶段性，而激活闲置宅基地这一"沉睡"的资本，有助于实现保障现有农民的基本生活、生产秩序的阶段性目标，为全面推进乡村振兴贡献力量。2023年中央一号文件明确要求，要扎实搞好确权，稳步推进赋权，有序实现活权，让农民分享更多的改革红利。宅基地使用权入股具有诸多现实益处，引入市场机制改革农村土地制度已成为时代趋势。

首先，有利于多方共享利益。从市场化的整体角度，有利于推动农村经济发展，拓宽农民融资路径，进一步解放农村劳动力；从地方政府角度，有利于破除农村宅基地的闲置现状，提升农民的生活条件；从农民集体角度，有利于刺激集体成员经济增长，促进集体经济发展；从农民个体角度，有利于增加个体收入，防止进城务工的农民的农村土地闲置浪费。例如，重庆市永川区地方政府倡议、鼓励农村集体将农民个体的闲置宅基地经过统一整合后，流转给企业经营，农民和村集体获得分红，从而实现多方的合作共赢。[②]

其次，有利于"放活"宅基地使用权。有学者主张，"三权分置"的本质是重塑产权体系，以实现产权的细分，将原来的使用权细化为使用权和资格权，在保障农民户有所居的基础上，通过放活使用权实现财产权，解决农房的闲置问题。[③] 使用权入股应具备经营性，拓展用途使

[①] 参见张勇等《农村宅基地"三权分置"改革实践与深化路径》，《东北农业大学学报》（社会科学版）2022年第4期。

[②] 参见王兆林等《农村宅基地流转收益分配研究综述与展望》，《中国农业资源与区划》2023年第1期。

[③] 参见张勇《基于文献计量分析的宅基地"三权分置"研究进展与展望》，《中国土地科学》2021年第6期。

权利内容更加丰富,是"放活"的具体体现。① 例如,山西省吕梁市结合乡村自然特色和产业发展特征,将农村划分为以下四类。其一,将位于城市近郊地带、富有城市化潜力的农村地区逐步与城市接轨,纳入统一土地市场;其二,将旅游或者其他产业发展前景较好的农村地区以长租、入股和自营等多种方式参与产业发展,并探索自由交易;② 其三,对于偏远的农村地区,在城乡建设用地指标增减挂钩的实践中,应当允许闲置宅基地转化为其他用途的农业用地;③ 其四,通过易地搬迁和合村并居的方式实现人口集中居住和宅基地集约利用的村庄,可通过扩大建设用地指标交易范围,实现新安置房的附条件交易。

再次,有利于促进农民持续收益。部分试点地区正探索应用宅基地使用权转让和租赁的流转方式,但通过此种方式所获得的利益与其实际价值并不匹配。转让是一次性买断,农户在将权利转移后无法再获取其他财产利益。租赁虽能产生持续性收益,但其租期受限,影响稳定性。宅基地使用权入股则集合了二者的优点,在使用权入股时进行评估作价,能够充分评价宅基地的客观价值,待转成股份时,农户可以其所持有的股份获得相应的分红。更重要的是,这种股权是长期的持续性收益,更有利于长远的发展。合作企业还可以雇佣当地农民从事相关的非农工作,从而达到拓宽农民个体收入渠道的效果。④

最后,有利于推动农村旅游事业发展。为实现新产业和新业态发展,将城市居民消费需求、农村有形的土地资源和无形的文化景观资源三者相结合,可以将闲置的宅基地调整为产业用地,为乡村旅游产业发

---

① 参见李苑玉《宅基地使用权入股的冲突识别与难点破解》,《行政与法》2022年第5期。
② 参见陆铭等《有效利用农村宅基地——基于山西省吕梁市调研的理论和政策分析》,《农业经济问题》2021年第4期。
③ 参见郎秀云《"三权分置"制度下农民宅基地财产权益实现的多元路径》,《学术界》2022年第2期。
④ 参见王兆林等《农村宅基地流转收益分配研究综述与展望》,《中国农业资源与区划》2023年第1期。

展提供土地支持。① 打造功能齐全、环境优美、设备先进的现代化美丽乡村，推进闲置宅基地与乡村健康养生、休闲观光、科普教育、文创体验等多业态深度融合。②

三 宅基地使用权入股的实现之难

2018年中央一号文件颁布后，国家在保障农民居住权的前提下，选择若干试点，慎重稳妥地推进农民住房通过财产权抵押、担保、入股等方式进行流转，改革当前的宅基地利用方式，提升农村群体收益。③ 虽然我国宅基地制度改革已进入"三权分置"时代，但宅基地使用权入股的实现仍面临诸多障碍。

（一）宅基地使用权入股法律规则缺失

准确性是法律得以构建的根本基础和前提条件。④ 一项政策在其法律化的进程中，如果缺少了准确性的表述，则其自立法时起就缺少了核心，其缺陷性也无法避免。⑤ 目前，试点工作和中央政策均对宅基地使用权入股达成共识，但《民法典》中尚未对宅基地资格权和使用权的性质界定明晰。有关宅基地使用权的特别法及下位法缺乏基本法的支撑，入股机制的构建亦缺乏法理根基。⑥ 同时，试点地区工作的开展也存在标准模糊、权能不清和制度设计迥异等问题。例如，在江西省余江

---

① 参见张佰林等《宅基地退出与再利用研究热点与展望》，《资源科学》2021年第7期。
② 参见张勇《乡村振兴战略下闲置宅基地盘活利用的现实障碍与破解路径》，《河海大学学报》（哲学社会科学版）2020年第5期。
③ 参见郑志峰、景荻《新一轮土地改革背景下宅基地入股的法律制度探究》，《农村经济》2014年第12期。
④ 参见王琳琳《土地经营权入股法律问题研究》，《中国政法大学学报》2020年第6期。
⑤ 参见高海《农地入股合作社的组织属性与立法模式——从土地股份合作社的名实不符谈起》，《南京农业大学学报》（社会科学版）2014年第14期。
⑥ 参见王晶《宅基地使用权入股的法律冲突与协调》，《河北经贸大学学报》2023年第1期。

区和四川省泸县两个试点地区，由农村自治组织开展宅基地流转相关事务，但该农村自治组织与行政层面的村党支部和村委会的关系并不明晰，故在其开展宅基地流转相关事务时，可能蕴含着法律风险，且缺乏稳定性。①

《中共中央 国务院关于稳步推进农村集体产权制度改革的意见》发布实施之后，各试点地区积极开展清产核资、股份合作制改革、引导农村产权规范流转。② 集体经营性资产的股份合作制改革为宅基地使用权入股提供实践经验和制度基础。宅基地入股的法律规则完善在追求统一规则的同时，需要兼顾各农村集体经济组织的特殊性，做到既要"严肃"又要"活泼"。为解决政策超前与法律滞后之间的矛盾，亟待厘清宅基地资格权和使用权的性质及内容，构建宅基地使用权入股的法理根基与法律依据，使其与现行法律制度和权利体系相衔接，从而保障宅基地制度改革的顺利开展。③

（二）宅基地使用权入股设立机制受限

在现行制度架构下，宅基地使用权入股的设立机制受到一定限制。宅基地使用权的受让主体仅限于本集体经济组织内部，在一定程度上成为放活宅基地使用权的"梗阻"。④ 同时，宅基地使用权的主体、性质及入股对象等关键性问题亦有待进一步厘清。

首先，《民法典》中并未明确宅基地使用权的主体，仅规定其取得、行使和转让应当适用土地管理的法律和国家有关规定。关于宅基地

---

① 参见曾旭晖、郭晓鸣《传统农区宅基地"三权分置"路径研究——基于江西省余江区和四川省泸县宅基地制度改革案例》，《农业经济问题》2019年第6期。
② 参见新华社《中共中央 国务院关于稳步推进农村集体产权制度改革的意见》，中国政府网，http://www.gov.cn/zhengce/2016-12/29/content_5154592.htm，最后访问时间：2016年12月26日。
③ 参见张卉林《"三权分置"背景下宅基地资格权的法理阐释与制度构建》，《东岳论丛》2022年第10期。
④ 参见张勇等《试点地区宅基地流转的实践探索与推进路径——基于安徽省东至县的考察》，《农业经济问题》2023年第9期。

使用权主体的确定，应当从《土地管理法》入手。① 根据《土地管理法》第62条第1款的规定，"户"构成对宅基地进行管理的基本单位。但根据《民法典》之规定，民事主体包括自然人、法人和非法人组织三类，② "户"显然无法归入其中，这也增加了宅基地使用权参与市场交易的难度。

其次，宅基地使用权入股的客体为宅基地使用权，但《民法典》并未明确宅基地使用权的性质，学术界也存在较大争议。③ 同时，对于"宅"的认定标准，需要做出相应调整。查阅新一轮改革试点的做法，不考虑"户"内成员数量、以"户"定标仍是主流方式，如北京市、湖北省、河北省、山东省、陕西省、广东省、海南省等地限定户均面积一般不超过0.35亩（约233平方米）。④ 其中，广东省佛山市南海区明确每户用于建设农房的宅基地用地面积合计不得超过80平方米；⑤ 海南省明确全省农户宅基地面积不得超过175平方米。⑥

最后，宅基地使用权入股的对象主要包括三类：有限责任公司、农民专业合作社和农村股份合作社。以上三类均是宅基地使用权人在"三权分置"语境下实现入股的模式。入股有限责任公司是激发农村经济发展活力的重要手段，同时也符合政策导向。入股农民专业合作社可以盘活农村闲置宅基地和房屋，鼓励农户将宅基地使用权连同地上的房屋一同入股。入股农村股份合作社时，农户可以将宅基地使用权及地上房屋作为生产要素投入合作社的经营之中，实现股份制和合作制的有机

---

① 参见温世扬、潘重阳《宅基地使用权抵押的基本范畴与运行机制》，《南京社会科学》2017年第3期。
② 参见王文胜《〈民法典〉第133条（民事法律行为的定义）评注》，《法治研究》2022年第1期。
③ 参见房绍坤《〈农村土地承包法修正案〉的缺陷及其改进》，《法学论坛》2019年第5期。
④ 参见曲颂等《宅基地制度改革的关键问题：实践解析与理论探释》，《中国农村经济》2022年第12期。
⑤ 参见2021年《佛山市南海区农村宅基地和建房全流程审批管理办法（试行）》第3条。
⑥ 参见2019年《海南省农村宅基地管理试点办法》第7条。

结合。有学者指出，农村土地入股的股份合作制，应当成为中国特色社会主义制度的重要组成部分。① 由于三种入股模式各有千秋，故在具体的操作过程中，采取何种模式最为恰当，尚无明确的判断标准。

（三）宅基地使用权入股配套措施缺位

从家庭联产承包到农村承包地"三权分置"，农村改革实践已证明，从政策入手固然可以起到整体的带动作用，然而顶层设计的执行离不开基础设施的完善。仅2022年上半年，全国已有104个县全面启动新一轮的农村宅基地改革试点工作。宅基地使用权入股这一市场化机制，不仅是对村民的传统土地认知的冲击，亦是对政府主管部门和市场体系的挑战。在这一过程中，配套措施的缺位与不足往往会导致宅基地入股整体规划的停滞，故在试点过程中，各地区在制订改革方案的同时，也应当注意与其他制度的协调。② 即在中央政策的框架下，在整体推进的过程中，平衡与完善各地区的相关改革措施。

一方面，我国宅基地登记工作长期滞后，法律资源稀缺性明显。③《土地管理法》规定宅基地使用权采用"申请—审批"的方式取得。虽然自2020年起，国家要求加强宅基地确权登记工作，但由于我国宅基地分布范围广、数量多，且存在先建后批、手续不完善等现实问题，确权工作无法精准推进。然而，宅基地确权是其流转的前提，若农民无法证明其产权归属，即使其有流转意愿，也无法通过入股实现其财产性权益。

另一方面，虽然我国目前鼓励开展宅基地使用权入股的实践，试点政策也体现了农村土地制度渐进式变迁的基本特点。④ 但是，对于入股

---

① 参见柴振国《农村土地承包经营权出资的法律冲突与协调》，《河北法学》2012年第12期。
② 参见高圣平《宅基地制度改革试点的法律逻辑》，《烟台大学学报》（哲学社会科学版）2015年第3期。
③ 参见刘震宇、王崇敏《我国农村宅基地管理的法治化构造》，《当代法学》2016年第5期。
④ 参见高圣平《宅基地制度改革政策的演进与走向》，《中国人民大学学报》2019年第1期。

的具体事项尚无细化方案,宅基地财产属性的激活不能仅着眼于资产功能,而忽略了保障功能。① 因此,在入股过程中,若不能建立专业机构、设立统一规范以有效防控风险,宅基地使用权入股的实践将举步维艰。在推进宅基地"三权分置"的背景下,在以入股方式强化宅基地使用权的财产属性的同时,也应对其进行合理限制。②

四 宅基地使用权入股的破解之道

(一) 完善宅基地使用权入股立法体系

为盘活农村闲置宅基地,提高利用效率,应通过宅基地使用权入股的方式,充分释放闲置宅基地的财产属性和市场价值。③ 在此进程中,需要出台与乡村振兴和治理体系相适应的法律法规,主要涉及三个方面。

首先,承认宅基地的保障功能不影响宅基地使用权的流转。④ 实现由秩序价值向追求公平和效率价值的转变,不仅要强调实现农村社会稳定,更要在保障农民基本权益的同时充分发挥宅基地的经济效益。⑤

其次,对农村闲置宅基地入股的出资方式、评估机构、登记程序、利益分配、退出机制以及风险防范措施等事项进行可操作性规定。同时,鼓励地方结合实际情况,制定管理办法,确保与当地经济发展水平相适应,保障相关要素流动畅通,实现效益最优化,以此彰显宅基地的

---

① 参见刘灿《民法典时代的宅基地"三权分置"实现路径》,《法学论坛》2022年第1期。
② 参见段佳伟《宅基地"三权分置"之法权配置》,《河北农业大学学报》(社会科学版) 2020年第3期。
③ 参见史卫民、董鹏斌《农村闲置宅基地入股利用的制度构建》,《西安财经大学学报》2021年第1期。
④ 参见高圣平《宅基地制度改革试点的法律逻辑》,《烟台大学学报》(哲学社会科学版) 2015年第3期。
⑤ 参见龙圣锦、陶弈成《农村宅基地使用权抵押的权属障碍与破解路径》,《现代经济探讨》2018年第11期。

财产功能与经济价值。① 宅基地使用权入股的法律构建应建立在综合考量以下两点要素的基础之上：一是充分考虑当地经济发展、城镇化程度以及村民的文化程度；二是构建具有统一性的宅基地使用权入股法律制度。

最后，不仅要借鉴土地经营权入股的实践经验和宅基地改革试点地区的成功经验，还要同现有的法律规定相互协调配合，保证宅基地使用权入股工作的顺利推进。目前，我国的制度设计仍停留在政策导向，但单单依靠政策治理宅基地问题已不合时宜，② 且我国在宅基地使用权入股方面尚存在诸多法律冲突，如缺乏上位法支撑、入股后缺乏法律规范的制度衔接等。因此，应当建立严密的入股法律体系，为宅基地使用权的流转提供依据。③

（二）优化宅基地入股设立机制

当前，我国出现的以宅基地使用权入股的具体实践是对于现行宅基地法律制度的超越。④ 入股作为一种新的宅基地流转方式，在某些方面仍不成熟，故有必要结合当前的具体实践进一步完善其设立机制。具体而言，优化宅基地入股设立机制应当从宅基地使用权入股的主体、客体和对象三个方面进行相应的制度构建。

首先，关于宅基地使用权入股的主体。创设宅基地使用权的根本价值在于保障农民"居有其所"的福利性质，而"三权分置"则是在宅基地使用权框架下为了解决"空心化"的问题、以盘活闲置宅基地为导向的制度建构，其仍以保障功能为前提。⑤ 因而，应当坚持宅基地使

---

① 参见史卫民、董鹏斌《农村闲置宅基地入股利用的制度构建》，《西安财经大学学报》2021年第1期。
② 参见房绍坤《民法典用益物权规范的修正与创设》，《法商研究》2020年第4期。
③ 参见王晶《宅基地使用权入股的法律冲突与协调》，《河北经贸大学学报》2023年第1期。
④ 参见王晶《宅基地使用权入股的法律冲突与协调》，《河北经贸大学学报》2023年第1期。
⑤ 参见韩松《宅基地立法政策与宅基地使用权制度改革》，《法学研究》2019年第6期。

用权的身份属性，这也是将资格权单独列明的政策意蕴。《土地管理法》第62条规定，以"户"为单位取得宅基地使用权，并明确了"一户一宅"的基本原则，故入股的主体应当为农户。[①] 为提高经济效益、土地利用效率以及防范农民的失地风险，农民集体、社会主体也应当纳入入股的主体范围。

其次，关于宅基地使用权入股的客体。部分学者认为，宅基地使用权在物权体系上属于"用益物权"，"用益"可解释为"使用和收益"，体现了"用益物权"的两大权能。[②] 即宅基地使用权本质上属于财产权，但若不能自主处分，则不属于真正意义上的财产权。[③] 宅基地使用权入股是"以物权换股权"，虽宅基地的所有权归属于农民集体，但将宅基地使用权入股定性为物权性流转更具有合理性，更能解决宅基地使用权的生成问题。同时，应当严格把控作为入股客体的宅基地使用权的条件，即满足《土地管理法》第62条、第44条规定的审核批准手续。[④] 此外，物权公示方法的确定和物权变动模式的选择决定了物权公示所具有的私法效力。[⑤] 宅基地使用权登记对抗的设立方式难以反映权利的真实状态，也将影响农户和社会主体采取有效的救济手段以及后续入股的流转程序，故采取登记生效主义更符合"三权分置"改革的趋势。[⑥]

最后，关于宅基地使用权入股的对象。应当充分考量地区之间的差

[①] 参见王香萍《三权分置视角下宅基地入股合作社的现实困境与法律进路》，《上海法学研究》2019年总第19卷。

[②] 参见高圣平《宅基地制度改革与民法典物权编编纂——兼评民法典物权编（草案二次审议稿）》，《法学评论》2019年第4期。

[③] 参见温世扬、潘重阳《宅基地使用权抵押的基本范畴与运行机制》，《南京社会科学》2017年第3期。

[④] 参见吴迪《宅基地制度改革的考量——以宅基地福利性与财产性矛盾为视角》，《天津师范大学学报》（社会科学版）2020年第5期。

[⑤] 参见高圣平《不动产统一登记视野下的农村房屋登记：困境与出路》，《当代法学》2014年第2期。

[⑥] 参见陈小君《宅基地使用权的制度困局与破解之维》，《法学研究》2019年第3期。

异性,对入股组织形式的种类、入股主体范围等内容在法律上进行统一构建,在具体操作规则上则允许各地区之间存在一定差异性。① 目前,宅基地使用权入股的对象主要包括三大类。② 例如,黑龙江省鸡西市密山市太平乡庄兴村采取宅基地入股有限公司的模式。江西省上饶市铅山县湖坊镇建立"农户+合作社+企业"经营模式,村民以闲置宅基地入股村宅基地合作社。③ 广东省深圳市田夏村城中村改造采用宅基地入股农村股份合作制企业的模式,实现政府、村集体、农户和开发商多方主体共赢。④ 应当充分尊重农民的自主权,不允许行政性干涉农民选择入股组织形式的自由,禁止各种强迫性流转行为。

（三）搭建宅基地入股运行架构

宅基地使用权与土地承包经营权存在诸多差异,难以完全套用土地承包经营权的改革措施,因而在完成顶层设计的基础上,仍需尝试建立闲置宅基地入股的相关运行制度。⑤

首先,在行使宅基地使用权的问题上,我国采取审批设立和登记对抗主义,实践中的确权工作仍存在诸多阻碍。若在流转过程中不能明晰使用权的权属,不仅容易引发流转后村民、受让人以及第三人之间的纠纷,也会损害确权工作已取得的实际效益。因此,应当以登记为生效要件,并对登记主体实行统一规范,建立全国性登记网络平台,避免登记信息不明确。同时,遵循制度设立的初衷,禁止受让人随意更改宅基地用途。⑥

---

① 参见王琳琳《土地经营权入股法律问题研究》,《中国政法大学学报》2020年第6期。
② 参见李国强《论农地流转中"三权分置"的法律关系》,《法律科学》2015年第6期。
③ 参见黄鑫《盘活闲置宅基地助农增收》,《上饶日报》2022年7月23日,第2版。
④ 参见谢良兵《宅基地入股:城中村改造深圳模式》,《中国新闻周刊》2006年第42期。
⑤ 参见杨雅婷《〈民法典〉背景下放活宅基地"使用权"之法律实现》,《当代法学》2022年第3期。
⑥ 参见刘恒科《宅基地"三权分置"的政策意蕴与制度实现》,《法学家》2021年第5期。

其次，权威机构的评估是准确衡量宅基地价值的决定性因素。评估过程应当由村民、受让人以及评估机构三方参与，由政府对评估机构实行严格监管，并由评估机构的专业人员按照统一标准予以评估，以保障评估结果的真实性与合理性，严格追究不当评估的法律责任。

最后，宅基地入股意味着村民要承担土地金融化所带来的风险，可能难以保障其股权，甚至丧失居住权。因此，部分学者提出，可以将该农户具有其他住所、经集体组织同意流转等作为入股的前提。[①] 政府须将风险防控的机制落实到基层，在土地管理等部门建立相关监督机构，在本集体经济组织内部构建维护村民合法权益、保障本集体经济组织土地资源的预警机制和风险处置方案，并设立宅基地使用权入股专项保险与补偿性基金，由本集体经济组织、入股公司以及村民分别按比例承担，以保障村民享有更多的财产性利益。

五 小结

稳妥审慎推进宅基地"三权分置"制度改革是我国农村土地制度改革的重大理论与实践创新，开展闲置宅基地入股利用是新时代乡村振兴战略制度安排的应有之义，亦是巩固拓展脱贫攻坚成果同乡村振兴有效衔接的必要选择。宅基地"三权分置"改革对增加农民财产性收入和土地集约化效益同样具有重要意义。现阶段，我国宅基地使用权入股机制尚不成熟，在价值层面和制度运行上仍存在诸多问题，无法有效寻求国家严格管控土地用途的发展大局与农村闲置大量宅基地的现有困境之间的平衡点。因此，应当尽快完善宅基地使用权入股立法体系，优化宅基地使用权入股设立机制，并搭建宅基地使用权入股运行架构，以期在推进乡村全面振兴的战略背景下，构建可适用于全国的农村闲置宅基

---

① 参见宋志红《宅基地"三权分置"的法律内涵和制度设计》，《法学评论》2018年第4期。

地和闲置住宅盘活利用法律规则体系，唤醒闲置宅基地这一"睡龙"，真正实现对闲置宅基地的高效利用，从而激发乡村活力，进一步促进乡村振兴。①

---

① 参见惠建利《乡村振兴背景下农村闲置宅基地和闲置住宅盘活利用的实践考察及立法回应》，《北京联合大学学报》（人文社会科学版）2022年第2期。

第六章　宅基地"使用权"抵押的困局破解

宅基地"使用权"抵押是农村宅基地"三权分置"改革的重要实现形式之一。通过对山东省内六地市的实地调查可知，宅基地"使用权"抵押在广大农村地区具有不容忽视的实际需求，但实践中面临法律界定模糊、价值评估机制缺位以及抵押权实现困难等现实桎梏。为实现巩固拓展脱贫攻坚成果同乡村振兴有效衔接，激活农村宅基地的多元价值，并破解宅基地"使用权"抵押困境，有必要在实现土地要素流通与农村住房保障二元并重的理念调试、总结宅基地"使用权"抵押的成熟试点经验的基础上，进行配套的制度建构：通过确权登记，明确宅基地"使用权"抵押法律关系；搭建宅基地"使用权"价值评估平台，规范评估实践；引入强制管理等宅基地"使用权"抵押实现的新路径。

一　问题的提出

宅基地承载着中华民族自古以来对于"居者有其屋"的基础追求，其自身价值难以简单地通过市场化工具予以衡量。正缘于此，在新中国成立后的较长一段时间内，宅基地所有权与使用权均归农民私有。因而，我国宅基地制度天然地具有保障性质的功能底色。之后，我国为进行社会主义改造，破除传统小农经济的分散、落后等缺点，将土地等十分重要的农业生产资料收归集体所有,而农民可以无偿地取得宅基地使用权,宅基地所有权与使用权"两权分离"的权利构造由此诞生。自改革开放以来,土地的市场价值被逐渐开发、显现,侵蚀耕地、炒卖农地等问题迅速演变成为一大社会性现象。因此,基于对宅基地保障功能的考量,宅基地使用权被限制流转。然而,21世纪以来,我国的经济发展取得了重大成就,城乡二元结构逐渐模糊、松动,宅基地的资产价值和财产属性日益凸显。与此同时,伴随着城乡人口流动的时代趋势,农村"空心化"、宅基地闲置以及"一户多宅"等现象在我国农村社会变得日益普遍。据中华人民共和国自然资源部等部门统计,截至2018年,我国至少存在7000万套闲置房屋,一些地区的农村房屋的空置率已超过35%。[①] 由此,对宅基地使用权进行严格的限制流转的政策导向与当前的社会现实之间已然形成较为明显的冲突与对立。为盘活宅基地这一"沉睡资产",并切实地保障广大农民的根本利益,中央开始持续有序推进农村宅基地"三权分置"改革工作。2018年中央一号文件提出,"探索宅基地所有权、资格权、使用权'三权分置',落实宅基地集体所有权,保障宅基地农户资格权和农民房屋财产权,适度放活宅基地和农民房屋使用权"。2019年中央一号文件提出,"稳慎推进农村宅基地制度改革,拓展改革试点,丰富试点内容,完善制度设计"。2020年中央一号文件提出,"以探索宅基地所有权、资格权、使用权'三权分置'为重点,进一步深化农村宅基地制度改革试点"。宅基地的权利构造开始从"两权分离"向"三权分置"演变。

深化农村宅基地制度改革试点的核心是要探索宅基地"三权分置"的实现形式,而探索宅基地"使用权"[②]抵押继续成为本轮试点的一项

[①] 参见常钦《让闲置农房成为促农增收的"黄金屋"》,《人民日报》2018年7月8日,第10版。

[②] 为避免与《民法典》第二编第十三章等法律规定的宅基地使用权相混淆,本书对农村宅基地"三权分置"改革中使用的宅基地"使用权"附加双引号予以区分。

重要内容。2015年至2018年，我国开展过农民住房财产权抵押贷款试点，且宅基地"使用权"抵押在现实生活中亦不再罕见，在宅基地"三权分置"改革的大背景下，问题的关键已经由"能不能抵押"转变为"若允许抵押，如何实现利益平衡，并予以制度设计"。既有研究多从试点地区中选取样本加以分析，[1] 缺乏对更广大的非试点地区的现实情况的调研考察，有待更加全面、系统的研究。实践中，存在非试点地区本应禁止适用宅基地"使用权"抵押规则，却进行抵押的情况，造成宅基地"使用权"抵押的制度困境。[2] 因此，本书在借鉴试点地区关于宅基地"使用权"抵押的经验做法的同时，将山东省作为调研样本，针对烟台市牟平区、青岛市莱西市、潍坊市昌邑市、淄博市张店区、滨州市无棣县以及济南市历城区等非试点地区的需求和现实做法展开实地调研，以期厘清当下宅基地"使用权"抵押的现实桎梏，促进宅基地"使用权"抵押制度落地。

二 宅基地"使用权"抵押的实证考察

（一）本次调研选址的合理性

关于宅基地"使用权"抵押情况，山东省具有较强的代表性。2016年，山东省政府批复同意了中国人民银行济南分行《关于批准山东省"两权"抵押贷款试点县（市、区）试点实施方案的请示》，原则上同意青岛市平度市、淄博市沂源县、枣庄市台儿庄区、枣庄市滕州市、东营市河口区、潍坊市青州市、潍坊市寿光市、济宁市汶上县、泰安市肥城市、德州市乐陵市、德州市武城县、临沂市沂南县、聊城市莘

---

[1] 参见吴昭军《"三权分置"下宅基地抵押的实践进展与可行路径——以浙江德清、江西永丰为调研样本》，《安徽师范大学学报》（社会科学版）2024年第3期；张思茵《宅基地使用权抵押问题的审视与厘正》，《石河子大学学报》（哲学社会科学版）2024年第3期。
[2] 参见吴桐《宅基地使用权抵押的制度困境与权利实现》，《西部法学评论》2023年第4期。

第六章 宅基地"使用权"抵押的困局破解

县13个县（市、区）开展农村承包土地经营权和农民住房财产权（以下简称"两权"）抵押贷款试点实施工作，即默许在上述13个地区可以进行宅基地"使用权"抵押。先前的银行贷款只接受城市住房的贷款抵押，而这项新试点政策表明山东省特定的县（市、区）可以宅基地进行抵押贷款。同时，在当前宅基地"三权分置"改革的背景下，仍有广泛的非试点地区尚不满足开展宅基地"使用权"抵押的政策要求，这就为团队深入山东省各县（市、区）开展宅基地"使用权"抵押的实地调研工作提供了具有复合性、多样性以及代表性的样本，以厘清阻碍当下宅基地"使用权"抵押的现实桎梏，并为进一步推动宅基地"使用权"抵押制度落地提供调研结论和现实借鉴。

同时，团队本次调研涉及山东省内六个地级市——青岛、潍坊、淄博、烟台、滨州、济南，在地域选择上具有全面性、周延性。其一，在经济发展方面，各市的城乡结构比例不同，从高度城市化的青岛到农业占比较大的滨州，城乡二元结构的差异将影响宅基地"使用权"抵押的实施难度和效果。青岛与济南作为省内的经济中心，拥有较发达的金融体系和较高的城镇化率，在宅基地"使用权"抵押的金融创新和服务上有着更多的尝试；潍坊与淄博的工业基础较好，农业与工业并重，在探索工农融合、城乡一体化的宅基地"使用权"抵押模式上有所突破；烟台与滨州在经济发展水平和产业结构上存在明显的差异，反映了不同区域在宅基地"使用权"抵押方面的特殊挑战和因地制宜的解决方案。其二，在土地资源与利用状况方面，山东省内各地的土地资源禀赋与利用状况各异，如东部沿海地区的土地紧张与西部内陆地区的土地相对宽裕的差异直接影响宅基地"使用权"抵押的可行性和市场需求。其三，在当地政策实施方面，上述六个地区因地制宜，出台了多份地方性文件，以保障农村宅基地"三权分置"改革政策的落地实施。例如，青岛市农业农村局发布《青岛市农村宅基地使用权流转管理办法（试行）》，以规范宅基地"使用权"流转行为，维护集体土地所有权和宅基地使用权人的合法权益；烟台市牟平区出台《牟平区农村宅基地使用权转让指导意见》，以进一步规范和引导农村宅基地的有序流转。其四，社会文化背景对农户接受宅基地"使用权"抵押的影响同样不容忽视。上述六个地级市的不同地区的农户对于土地的情感依附和经济理性程度不一，这也影响政策的接受度和执行效果。[①] 综上，选择在上述山东省内六个地级市展开调研，能够全面覆盖山东省内不同类型的地区，从经济、政策、社会等多个维度探究农村宅基地"三权分置"改革背景下的宅基地"使用权"抵押的困境及其突围路径，可为全省乃至全国的农村土地制度改革提供富有价值的参考。

（二）实地调研经过

2024年7月9日，团队前往烟台市牟平区委政法委、大窑村、南辛峪村等地，就宅基地"使用权"抵押开展实地调研活动，向工作人员采访学习、与村民们深入交流、去农田采集样本完善信息。通过与牟平区委政法委工作人员和村民们的交流，团队发现牟平区各村由于深入贯彻国家退耕还林政策，大量农村人口外出打工，存在较严重的宅基地闲置状况，农户存在抵押宅基地来换取财产利益的意识。

7月13日，团队前往青岛市莱西市望城街道后堤新村开展宅基地"使用权"抵押实地调研活动，与后堤新村党支部书记和青岛供销普惠农业服务有限公司经理展开了深入交流。团队了解发现后堤新村目前没有出现宅基地抵押相关情形，即使村民外出务工也不会将宅基地抵押，这主要是因为当下宅基地的价值得不到客观的评估。同时，未进行宅基地抵押也是因为存在当地农村房屋无产权证明的现实掣肘，银行并不认可宅基地抵押这一抵押方式。

7月14日，团队向潍坊市昌邑市山阳村和顾仙村的村民发放了总

[①] 参见黄善林、李东润《农户多维认知对宅基地退出意愿影响研究——基于风险认知的中介效应分析》，《东北农业大学学报》（社会科学版）2023年第4期。

计200份调查问卷进行调研，成功回收的有效问卷共计182份，有效回收率为91%。调查显示，有137名受访者证实了其所在村庄存在宅基地"使用权"流转的现象。这充分表明宅基地"使用权"流转在当地并非罕见。令人关注的是，其中有134人指出，宅基地流转过程并未通过正式合同予以约束，而是采取了更为传统的方式——在无利害关系第三人的见证下达成口头协议，这带来了潜在的法律风险和纠纷隐患。在有效样本中，有127人明确表示，村内宅基地"使用权"抵押现象并不多见，这一现象的产生与当地借贷习惯有关，村民更倾向于采用有保证人担保的方式来借款。同时，顾仙村党支部书记表示，随着大量的劳动力进城务工或求学，村中出现了大量的无人居住的房屋，且村中存在子女与父母同住的情况，即使在子女分户后，多处宅基地仍集中于同一家庭名下，名义上仍维持着"一户一地"的规定。

7月15日，团队前往淄博市张店区开展宅基地"使用权"抵押实地调研活动。调研发现，张店区曾存在过小范围内的、发生在私主体之间的宅基地抵押情形，但由于存在抵押后抵押人和抵押权人权利归属约定和划分不清晰等情形，无法维护和保障农民的土地权益。当抵押权人想要实现抵押权时，通常采取拍卖、折价等方式，而处置抵押农房时显然不应将受让人范围限制在本集体经济组织成员之内，否则抵押权人权利的实现难以保证。但随着受让人范围的放开，就有可能出现宅基地产权流失的情况。以上两难之处导致宅基地"使用权"抵押这一方式并未在张店区内得以延续和进一步推广实施。

7月16日，团队在滨州市无棣县马山子镇孙家村开展调研发放调查问卷100份，最终回收有效问卷87份，有效回收率达87%。其中，有66位受访村民反映，宅基地以出租形式流转在村中已较为常见，大多为村内出租，这与昌邑市的调研结果形成鲜明对比，显示出了地区间的差异性。孙家村党支部书记表示："尽管宅基地的获取需经过审批流程，但在实践中，未建有房屋的宅基地的继承权成为一个有待解决的问题。村里正致力于推动宅基地取得的无偿化与退出的有偿化改革，旨在提高宅基地的使用效率。"

7月17日，团队在济南市历城区鲍山街道西梁王庄四村和纸房村进行调研，发放调查问卷共计320份，回收有效问卷297份。其中，大部分村民表示，村中存在私下交易宅基地"使用权"的情况，但由于农村金融市场和银行方面对于宅基地"使用权"的风险评估尚不完善，故宅基地"使用权"抵押难以得到规范化落实。

综上，以上调研结果显示了山东省内六个地级市的农村地区在宅基地"使用权"流转、抵押以及宅基地管理、利用等方面存在的共同点和差异点，这为理解中国当下的农村土地制度改革，通过政策干预而促进更为公平、高效的宅基地"使用权"流转机制完善提供了重要视角。

三 宅基地"使用权"抵押的现实桎梏

尽管非试点地区严格禁止宅基地"使用权"抵押，但试点以外的地区依旧存在大量民间自发性宅基地"使用权"抵押实践。司法案件是对此种情形的有效佐证，对此类案件进行梳理总结，能够直观地反映宅基地"使用权"抵押现实需求。

（一）宅基地"使用权"抵押的现实需要

笔者在"中国裁判文书网"以"宅基地使用权抵押"为关键词进行检索，限制案件类型为"民事案件"，截至2024年7月，共检索到120份裁判文书。以"宅基地抵押"为关键词进行检索，设置相同的筛选条件，共检索到575份裁判文书。剔除同时涉及两个关键词的7起重复案件以及69起不相关案件，共得到有效案件619起，其中山东省有30起。最高人民法院发布的《民事案件案由规定》并未将宅基地"使用权"抵押或宅基地抵押设置为一项独立的民事案件事由，对上述有效裁判文书予以梳理可知，涉及宅基地"使用权"抵押的案件散见于多类案由，其中以金融借款合同纠纷、民间借贷纠纷为主，民间借贷纠纷案件286起、金融借款合同纠纷案件131起，约占全部案件的67%；山东省案件中，民间借贷纠纷20起、金融借款合同纠纷2起，约占山东省全部案件的73%。而涉及上述案由以外的案件主要包括以宅基地抵押之名进行宅基地买卖的宅基地买卖纠纷、宅基地"使用权"抵押后请求确认合同无效或者请求抵押权实现后对宅基地及房屋的权属纠纷、租赁合同纠纷、合伙协议纠纷等。

上述数据足以证明，农户宅基地"使用权"抵押与借贷等融资行为关系密切。社会实然层面的宅基地"使用权"抵押数量远远超出诉诸法院的案件数量，在调研团队对山东省内六个地级市的调研走访中，超过七成受访者曾表示"愿意进行宅基地'使用权'抵押，闲置宅基地闲着也是闲着，不如拿来贷点钱去做生意或者投资"。由此可以看出，当下农户对于融资有着较大的需求。这一方面是因为外出务工的农民缺乏足够的资本以获取大量的非农就业机会；另一方面是因为在家务农的农业经营者也需要足够的资金来维持或扩大生产经营活动。[①] 农户面临融资需求时，若无其他财产可供抵押，便有了通过宅基地"使用权"抵押方式来获取贷款的现实需求。但当前农村借贷市场抗风险能力较弱，极易出现无法按期偿还贷款的情形，而金融机构基于成本与收益的考量，向农户发放贷款额度低、审查要求高，[②] 且非试点地区不允许宅基地抵押，故金融机构向农民贷款存在抵押权无法实现的顾虑。因此，农民以民间借贷方式获取借款成为主流，这也从侧面解释了宅基地"使用权"抵押案件的数量中民间借贷纠纷的数量最多的现象。

[①] 参见刘振轩《宅基地使用权抵押的逻辑证成与困境纾解》，《河南财经政法大学学报》2023年第6期。

[②] 参见韩文龙、朱杰《宅基地使用权抵押贷款：实践模式与治理机制》，《社会科学研究》2020年第6期。

（二）宅基地"使用权"抵押的实践困境

只有在明晰宅基地"使用权"抵押的实践困境的基础上，才有可能实现制度完善，预防宅基地"使用权"抵押制度的负外部性风险。

1. 宅基地"使用权"抵押法律界定模糊

法律属性认知不清、相关概念界定模糊对于建构统一的宅基地"使用权"抵押制度产生严重阻碍。这具体表现在以下三个方面。

第一，宅基地使用权与宅基地"使用权"法律概念适用混乱。宅基地使用权是法定用益物权，具有严格的身份限制，以具有集体经济组织成员身份为前提；其内容限定，限于"占有和使用集体所有的土地""利用该土地建造住宅及其附属设施"，且不存在期限限制。而宅基地"使用权"的制度构想在于破除宅基地的身份限制阻碍，达到盘活宅基地利用的目的，故宅基地"使用权"的主体不具备身份限制，内容相较于宅基地使用权也更加丰富，且通常设置一定的期限。[①]

第二，宅基地"三权分置"权利结构认知不清。宅基地"三权分置"是在原有的"两权"结构框架下延长权利链，容纳多方主体参与，以期盘活宅基地利用的制度模式，"三权"具体包括集体的宅基地所有权、农户的宅基地资格权以及宅基地"使用权"，这种制度构造相比于"两权分离"更利于兼顾宅基地的保障功能与财产功能。宅基地所有权归成员集体所有，其性质是一种新型的总有关系，是宅基地资格权的法理基础和根本依据。[②] 宅基地资格权是向村集体申请宅基地以建造住宅，以及基于成员身份处分宅基地的权利。[③] 该权利由集体成员享有，吸纳了宅基地使用权的身份属性。取得宅基地资格权是行使宅基地使用

[①] 参见申建平《宅基地"使用权"实践探索的法理检视与实现路径》，《法学论坛》2023年第6期。

[②] 参见孙建伟《新型总有关系下宅基地三权分置的法理逻辑》，《政法论坛》2024年第4期。

[③] 参见2021年《奉贤区农村宅基地资格权认定暂行办法》、2021年《德清县宅基地农户资格权管理暂行规定》、2019年《象山县农村宅基地资格权管理暂行办法》等。

权的前提，宅基地使用权是行使宅基地资格权的法律后果。[①]而宅基地"使用权"不具备身份属性，可以由多元主体享有，是一种有偿利用宅基地的权利，通常具有一定的期限。

第三，宅基地"使用权"抵押存在法律与政策的"二元局面"。2018年宅基地"三权分置"的构想提出后，《土地管理法》中删除了原先禁止农村集体土地使用权出让、转让或出租用于非农建设的规定，《民法典》中也规定了"宅基地使用权的取得、行使和转让，适用土地管理的法律和国家有关规定"的引致条款。尽管宅基地使用权流转的限制已得到适度松绑，但《土地管理法》与《民法典》对于宅基地"使用权"的抵押均未予认可。但是，政策层面却采取相反态度，中央层面相继出台《中共中央关于全面深化改革若干重大问题的决定》《国务院关于开展农村承包土地的经营权和农民住房财产权抵押贷款试点的指导意见》，肯定了宅基地"使用权"抵押对于盘活闲置宅基地的进步意义。试点地区已按照政策文件中的要求，稳步探索宅基地"使用权"抵押，而非试点地区则严格禁止宅基地"使用权"抵押，这造成了宅基地"使用权"抵押的另一个"二元局面"，亟须形成统一规则结束这一局面。

2. 宅基地"使用权"价值评估机制缺位

当前，学界对于宅基地"使用权"抵押中抵押物的范围是采取"房地一体"还是"房地分离"原则，也即是否将宅基地上的房屋一并纳入抵押物的范畴，尚存在一定的分歧。同时，鉴于宅基地"使用权"的价值评估难度较高，试点地区形成了第三方评估机构评估、政府产权评估中心评估、贷款人评估、双方协商评估四种评估方法，但由于不同区位的宅基地的价值悬殊，且尚未形成市场标准、评估人员对农村状况

[①] 参见吴昭军《"三权分置"下宅基地抵押的实践进展与可行路径——以浙江德清、江西永丰为调研样本》，《安徽师范大学学报》（社会科学版）2024年第4期。

了解程度不够、评估过程缺乏有效监管以及评估人员欠缺相关资质等原因，[①] 宅基地"使用权"的价值难以得到准确的评估，评估价格也往往不能反映其真实价值。此外，在贷款人评估与双方协商评估两种评估方式中，农民相较于贷款人处于弱势地位，抵押物价值评估往往以贷款人为主导，农民权益易受侵害。若抵押物价值得到不准确的"低价"评估，农民获取的担保资金的数额也会相应减少。同时，由于农房建造自主性较强，不具备统一的建造标准，且不同房屋的建造成本差异较大，难以合理评估房屋的价值。因此，抵押物的范围不论采取何种原则，都面临无法避免的评估难题。

3. 宅基地"使用权"抵押实现存在障碍

当农民不能按期归还借款时，传统的抵押权实现方式在宅基地"使用权"抵押中便存在各种不适配的情形。根据《中华人民共和国商业银行法》的规定，金融机构不能取得农房等非自用不动产，其作为非集体经济组织成员也无法取得宅基地使用权，故以折价的方式实现抵押权的路径并不可取。对于拍卖、变卖而言，宅基地和农房只能在村集体内部流转，拍卖、变卖也只能在村集体的内部进行，而村民受限于每户仅允许拥有一套宅基地的要求，拍卖闲置宅基地的意愿并不高，极易出现无人拍卖的"流拍"情形，故拍卖、变卖的抵押权实现方式亦不适合。

以往国家层面严格限制宅基地"使用权"抵押，是基于对宅基地自身保障功能的重视而作出的政策倾斜，将宅基地作为抵押物进行融资，增加了农民丧失宅基地的风险。退一步讲，即便能够保障在农民无法按期偿还债务时，可以有效实现抵押权，但失地农民的住房保障如何予以兼顾，仍是一个不容忽视的问题。若选择无视，则无疑背离了宅基地的制度初衷。

[①] 参见刘振轩《宅基地使用权抵押的逻辑证成与困境纾解》，《河南财经政法大学学报》2023年第6期。

四 宅基地"使用权"抵押的困局破解

(一) 土地要素流通与农村住房保障二元并重的理念调试

立法上暂未赋予宅基地"使用权"以抵押功能的主要缘由在于，宅基地"三权分置"制度承担着保障农民基本生活居住的功能，若在抵押权实现时，农民陷入居无定所的境地，则该抵押权的实现将与宅基地配套制度的立法目的相违背。因此，宅基地"使用权"抵押的合法性并未得到立法的肯认。

但是，随着乡村振兴政策的贯彻落实和农村生活水平的切实提升，农民的居住环境无疑有着显著的提升。在本次针对山东省内六个地级市农村地区的调查中发现，房屋闲置达 2 年以上、家庭持有宅基地总数超过 2 处的现象较为普遍。这意味着在农民的住房需求已经得到基本满足、其债务履行能力日渐可观的情况下，宅基地"使用权"抵押并不必然导致农民陷入"失宅""失居"的风险。尤其在市民下乡形成新业态的大环境下，城乡要素的流动已成为城乡融合发展的关键，对宅基地"使用权"是否仍应继续坚持仅以实现基础住房保障为目的的立法理念，受到了学界越来越多的质疑。更有学者认为，保障性并非我国宅基地制度追求的总体价值目标。[1] 国家是为公民提供住房保障的唯一主体，而为农村居民提供免费宅基地使用权的是集体经济组织，故宅基地使用权的无偿分配无法构成住房保障体系的一部分，[2] 其只是具备保障农民生活的功能，而非社会保障的组成部分。也有学者认为，现代社会对于福利的定义不再简单局限于"有房住、有饭吃"的最低标准，还

---

[1] 参见于霄《宅基地使用权"福利性"法律解析》，《清华法治论衡》2014 年第 1 期。
[2] 参见李谦《宅基地使用权入市困局及破解——从社会保障与住房财产权二者间的矛盾说起》，《河南社会科学》2021 年第 4 期。

包括享有住房所有权和宅基地使用权等私有财产，以及其负载着流通价值的经济福利，感知到被社会接纳、认可的文化福利。宅基地"使用权"在集体经济组织内部流通，在保护农民"住有所居"的最低标准时，亦消耗了农民的另一部分福利。[①] 随着市场化、城市化进程的日益深化，宅基地的流通价值大为增加，宅基地同时承担着农民生存保障功能与生产要素流通促进功能。因此，在立法价值的选择上，应当更加注重对市场交易的促进，让宅基地"使用权"发挥出本就存在的财产价值，从而更好地维护农民的财产性权益。[②] 尤其对于即将进城或已进城落户的农民，宅基地具备的生存保障功能甚微，若再抑制该土地要素的流通，则不仅是对土地资源的浪费，更是构成了对农民经济福利的一种伤害。

（二）对国内试点中成熟经验的总结

我国立法上虽暂未正式认可宅基地"使用权"抵押的合法性，但现实中已有诸多试点地区进行了宅基地"使用权"抵押的行为尝试和规范制定。在宅基地"使用权"抵押的实践中，权威机构不仅需谋虑农民陷于"失宅""失居"险境时该如何自救，更需于宅基地的融资数额和农民的还款能力之间实现周全。

2018年5月，浙江省丽水市国土资源局发布《丽水市农村宅基地"三权分置"改革试点工作的指导意见》，该文件在"放活宅基地使用权"方面规定："允许个人和社会工商资本通过签订宅基地及房屋流转协议，将流转取得的宅基地及房屋使用权用于民宿、农家乐等经营。"在宅基地"使用权"流转的过程中，此举使得与乡村土地有关的产业导入有了更大的可能性。城市人口和资本进驻农村，既为农民增加了收

[①] 参见李谦《宅基地使用权入市：试点反思、理论证成与路径归处》，《现代经济探讨》2021年第10期。

[②] 参见于霄《宅基地使用权抵押民间规则的司法实证研究》，《民间法》2021年第2期。

入，也为农房的租客提供了资金保障。

在四川省泸县，当地探索了一种"共建共享"的抵押模式，即由农户提供宅基地，社会主体提供资金合作建房，而后双方按照协议分享住房。农户享有约定部分房屋所有权和分摊土地部分的宅基地使用权，社会主体则获得约定享有的部分房屋所有权和对应面积的一定年限的土地利用权。在使用期限届满后，土地权利归还农户，农户的宅基地使用权得以恢复。[①] 该实践模式不仅保障了农民在抵押权实现后仍"住有所居"，也满足了多元社会主体的用地需求。

此外，宁夏回族自治区平罗县的抵押模式则是在政府的主导下，各金融机构积极参与，即地方政府设立"三权"抵押贷款风险补偿基金和农村产权抵押评估委员会，以掌握贷款过程中的风险信息，并强化监督。同时，当地政府设立了风险预警机制，从风险预警到风险保障的一以贯之，使得"平罗模式"的风险分散机制更为牢固。

（三）宅基地"使用权"抵押的配套制度建构

1. 确权登记，明确宅基地"使用权"抵押法律关系

宅基地"使用权"抵押制度的推进受制于政策层面与法律层面的概念界定模糊。同时，我国现行法律禁止将宅基地"使用权"作为抵押物。因此，在宅基地"使用权"抵押的公示方法和公示效力存在着法律空白。面对当下农村宅基地产权混乱的问题，应当逐步推进确权登记颁证工作，公示公开权利主体。在登记主体上，抵押人应当持有主管部门颁发的宅基地"使用权"及地上房屋所有权的权属证明。在客体上，应当明确抵押宅基地的名称、数量、质量、状况、所在地等内容。在效力上，不动产抵押一般采取登记生效主义，故在"房地一体"的原则背景下，宅基地"使用权"抵押也应采取登记生效主义。

[①] 参见申建平《宅基地"使用权"实践探索的法理检视与实现路径》，《法学论坛》2023年第6期。

2. 规范评估，搭建宅基地"使用权"价值评估平台

宅基地"使用权"抵押的价值定位需要衡量交易客体的担保能力，融资客体估值过低不仅无法客观地反映其市场价值，更会直接打击交易双方的积极性。目前，宅基地"使用权"估值难主要是由于宅基地"使用权"流转市场中相关交易主体间的信息不对称，农户在交易中处于相对弱势的地位。[①] 同时，商品真正公允的价格应当来自市场的充分竞价，但宅基地"使用权"的受让主体往往只能存续于同一集体经济组织间，故有限的交易主体制约了宅基地的流通和议价。

目前，宅基地"使用权"的评估方式有四种办法：一是第三方房地产评估机构评估，二是由政府建立产权评估中心，三是贷款人自我评估，四是双方协商评估。但多样的评估方法既不能形成统一的标准，也无法培养专业的评估人员。现实中很多评估人员缺乏资质，甚至对农村状况缺乏基础了解，在评估过程中寻租腐败、故意虚报或者恶意压低宅基地客观价值的现象时有发生。因此，应当成立专业的农地抵押评估公司，培育专业评估人员，并进一步探索示范性评估办法。例如，在同区位国有建设用地使用权出让价金的基础上，以距离远近为标准来合理地设定价格。[②]

3. 强制管理，完善宅基地"使用权"抵押实现路径

实现抵押权的方式主要包括折价、拍卖、变卖，而将上述方式运用于实现宅基地"抵押权"则存在严重的阻碍。一方面，由于宅基地折价、拍卖、变卖后，农民有可能失其居所。另一方面，我国当下并未就宅基地"使用权"形成严谨科学的价值评估体系，低价的折价、拍卖、变卖价款对债务履行而言杯水车薪，这不仅严重打击了债权人对其债权

[①] 参见张思茵《宅基地使用权抵押问题的审视与厘正》，《石河子大学学报》（哲学社会科学版）2024年第3期。

[②] 参见刘振轩《宅基地使用权抵押的逻辑证成与困境纾解》，《河南财经政法大学学报》2023年第6期。

实现的期待，更将农民置于艰难竭蹶的境地。

2022年6月，最高人民法院公布征求意见的《民事强制执行法（草案）》就该问题制定了相应的强制管理制度。在强制管理期间，管理人可以占有、管理农民宅基地，通过出租、入股等方式流转宅基地及住房来获取收益。上述收益在扣除管理费用和管理人报酬之后，可用于清偿债务。如果没有丧失宅基地"使用权"，强制管理结束后，农户有权收回其宅基地及房屋。[①] 该"管理人—债权人—债务人"的强制管理模式不仅避免了农民陷入居无定所的险境，更保障了债权人债权实现的预期。虽然我国当下强制管理制度尚未实现体系化、规范化，但在实践中已有部分法院就该强制措施进行尝试，这一制度有望被正式立法，并对宅基地"使用权"抵押制度产生举足轻重的应用意义。

五　小结

宅基地"使用权"抵押作为盘活利用农村闲置宅基地和农房的重要途径，对于激活农村土地资源要素、推进乡村全面振兴具有十分重要的意义。因此，为有效破除农村宅基地"三权分置"改革背景下的宅基地"使用权"抵押的现实困境，本书基于实证研究方法，同步开展了广泛的实地调查和精准的裁判文书梳理，在完成由"农村住房保障的一元中心主义"到"土地要素流通与农村住房保障二元并重"的理念调试，总结宅基地"使用权"抵押的成熟试点经验的前提下，进行了配套制度的体系化建构：通过确权登记，明确宅基地"使用权"抵押法律关系；搭建宅基地"使用权"价值评估平台，规范评估实践；引入强制管理等宅基地"使用权"抵押实现的新路径。

[①] 参见吴昭军《"三权分置"下宅基地抵押的实践进展与可行路径——以浙江德清、江西永丰为调研样本》，《安徽师范大学学报》（社会科学版）2024年第3期。

第七章　宅基地买受人执行异议权的实现

《最高人民法院关于人民法院办理执行异议和复议案件若干问题的规定》（以下简称《执行异议复议规定》）赋予了宅基地等不动产买受人权利优先于债权实现的效力。虽然司法实践中将其作为执行异议与执行异议之诉的判断依据，但该规则根植于执行程序，并不存在坚实的实体法基础。物权期待权理论亦不能为宅基地买受人的权利优先提供权利基础，但民事诉讼法自身独立性及出于保护生存权之必要可为该制度提供正当性。基于执行异议权判断的要件，宅基地买受人执行异议权的实现应当在构成要件层面进行限缩：裁判中从严把握宅基地买受人身份的识别，以继续执行会损害宅基地买受人权利为中止执行的必要条件。

一　问题的提出

以《执行异议复议规定》第 28 条、第 29 条为依据，宅基地等不动产买受人在未经过户登记之前享有排除申请执行人强制执行的权利，商品房消费者享有排除抵押权实现的权利。这作为程序性规定似乎赋予了宅基地等不动产买受人权利优先于普通金钱债权实现的效力，但该规则突破了实体法上物权优先于债权以及债权具有平等性等一般规则。[①] 学

[①] 参见余长智《一般买受人物权期待权与抵押权的困境及路径分析——基于最高人民法院 441 份裁判文书》，《中国不动产法研究》2020 年第 2 期。

界欲借助物权期待权理论和保护消费者生存权的理念对此进行正当化，此种做法造成了概念移植与继受等的混乱。

执行异议是否成立的认定涉及对执行行为是否合法、执行行为的实体权利依据是否坚实等的多重判断。执行异议能否成立的核心是异议人是否具备执行异议权，执行异议权是判断执行异议是否成立、能否发生中止执行效果的程序审查对象，包含实体与程序内容的双重考量。[1] 执行异议权的构成要件可分为三层：其一，案外人享有实体权利；其二，案外人的权利在实现顺位上优先于申请执行人的权利；其三，继续执行会损害案外人权利。[2] 执行异议权的三层要件关涉对宅基地买受人与申请执行人的实体权利的判断，本书将围绕执行异议权的三层要件展开对宅基地买受人权利的考察，并对《执行异议复议规定》第28条和第29条在司法裁判中如何应用进行探究。

二 宅基地买受人执行异议权的权利基础探查

（一）宅基地买受人执行异议权的实证法依据

从实体法与程序法相一致的视角出发，实体法没有为宅基地买受人权利和商品房消费者权利提供坚实基础。《民法典》第209条规定："除法律另有规定外，原则上不动产物权须经登记才会发生物权变动。"除此之外，仅在《执行异议复议规定》第28条与第29条中存在对宅基地等不动产买受人权利与商品房消费者权利的特别规制。而宅基地等不动产买受人权利和商品房消费者权利又突破了实体法既有的规则体系，这造成此类案件的审理面临实体法的权利实现顺位与执行程序中权利保

---

[1] 参见张卫平《执行救济制度的体系化》，《中外法学》2019年第4期。
[2] 参见崔斌《实体与程序之维的不动产买受人执行异议权》，《大连海事大学学报》（社会科学版）2021年第4期。

护顺序的冲突。问题还在于，在执行过程中，提出执行异议与提起执行异议之诉是截然不同的过程，执行异议之诉涉及实体权利归属的判断，由于缺乏实体法对宅基地买受人权利与商品房消费者权利的规制，司法实践中无奈地将《执行异议复议规定》第28条和第29条，这种程序性规范作为执行异议之诉的裁判依据，但以此作为裁判依据，出现大量争议。

（二）宅基地买受人权利与物权期待权

1. 物权期待权能否为宅基地买受人权利正名

从现有的实证法规范出发，宅基地等不动产买受人权利或商品房消费者权利优先于其他权利实现，并不具有实体法上的权利基础。物权期待权本就是源自德国的舶来品，其制度价值、适用范围、成立要件及功能与此处所指的宅基地买受人权利与商品房消费者权利之间大有不同。

从成立要件上来看，不动产物权期待权要求权利必须达到非常确定的、可以实现的程度才可以称之为期待权。德国法将"物权合意"与"提出登记申请"作为期待权的成立要件，[①] 由于从开始办理登记手续到完成登记前，物权合意已经发生拘束力，买受人距离物的所有权人的地位非常接近，此时的权利状态才称之为物权期待权。而对于我国司法实践中的宅基地买受人权利，《执行异议复议规定》侧重于从合同履行的程度来界定，将支付价款、转移占有作为关键的判断因素。商品房消费者权利作为宅基地买受人权利的特殊类型，甚至会存在买受人购房是否出于生活居住需要等判断因素。德国的物权期待权与我国宅基地买受人权利存在如上差异的原因在于，首先，德国的不动产物权期待权制度

---

① 参见〔德〕鲍尔、施蒂尔纳《德国物权法》（上册），张双根译，法律出版社，2004，第391页。

具有保障物权合意的实现、维护登记簿的公示公信效力的功能,[①]而中国语境中的宅基地买受人权利制度则从合同履行状况出发构建该权利之构成要件。我国采用债权形式主义的物权变动模式,物权合意不被承认更难以被公示出来,这使得我国在司法实践中构建的不动产物权期待权,更像是保障债权合意实现的制度。其次,德国法上的不动产物权期待权制度是在权利具备了极大实现可能性的时候才出手保护,而我国的宅基地买受人权利制度对买受人权利的保护更为超前,这种"超前"性质的保护更容易冲击物债二分的体系和物权优先于债权的规则架构。既然是更为优越的保护,相应的适用条件应该更为严苛,保护范围应该更小,很显然我国司法实践中对宅基地买受人权利与商品房消费者权利要件的把握却逐渐宽松化。[②]最后,我国从不动产登记簿的发展程度到不动产登记制度的规则构建上都存在一定滞后性,实践中还存在许多产权不清晰的状况,使得裁判规则向实践妥协。

2. 有无构建"中国式的不动产物权期待权"的可能

既然我国语境下的不动产买受人权利与传统德国法上的不动产物权期待权在功能与价值上都相去甚远,既有的制度经验不具有直接的借鉴意义,那有无可能构建"中国式的不动产物权期待权"?

所谓的"中国式的不动产物权期待权",在权利范围与权能上都存在值得商榷之处。就其陈列的"中国式的不动产物权期待权"的范围而言,一方面,将权利内容和权能差异如此之大的各项权利都收容其中,这使得不动产物权期待权的概念、外延以及权利实现顺位都变得非常模糊,甚至失去功能上的意义。比如,此分类中认为商品房消费者权利与离婚登记后一方对房屋所享有的权利都属于不动产物权期待权的范

[①] 参见〔德〕鲍尔、施蒂尔纳《德国物权法》(上册),张双根译,法律出版社,2004,第341页。
[②] 参见崔斌《实体与程序之维的不动产买受人执行异议权》,《大连海事大学学报》(社会科学版)2021年第4期。

畴，商品房消费者权利可以优先于抵押权实现，而离婚协议或者判决拥有房屋所有权的一方对房屋所享有的权利，很显然并不具有对抗抵押权实现的效力。即使采用该种分类，还是要对各项权利的权能和实现顺位作分别考察。另一方面，此分类中存在法律适用上的错误。比如认为以房抵债的债权人的权利属于不动产物权期待权的范畴，这容易忽略了前提性的判断，即以房抵债的具体操作中是否因违反了法定清算程序，而不能直接发生房屋所有权变动的法律效力。又比如将借名买房中借名人的权利也纳入其中，但实际上借名人才是真正的权利人，出名人是具备权利表征的无权人。认为借名人仅有物权期待权，出名人是不动产的所有权人，恰恰是颠倒了二者的权利状态。

（三）是否属于具备公示方式的事实上的物权类型

"事实物权"理论并不能为宅基地等不动产买受人权利、商品房消费者权利优先于其他权利实现而正名。从事实物权与宅基地买受人权利的功能来看，二者差异明显。当法定公示方式表征的"权利人"与真正权利人不一致时，对真正权利人予以保护会面临于法无据和法理基础丧失的问题，区分法律物权与事实物权的初衷正在于解决这一问题。[①]就不动产而言，登记的权利人与真正权利人不一致，此种现象的发生具有现实可能性和通常性。首先，目前我国登记簿没有达到所记载的权利状态与真实权利状态完全一致的程度，难以避免出现登记错误。其次，实践状况纷繁复杂，借名买房等登记的权利人与真正权利人不一致的状况，可能由当事人自行隐瞒真意导致。最后，物权变动和权利的转移并非与债权合同的成立同步发生，比如在房屋过户登记之前，先行交付房产证和房屋的行为，这虽非法定的物权变动公示方式，但在就"谁是房屋的所有权人"产生争议时，对于买受人主张权利仍然具有一定的

---

① 参见孙宪忠、常鹏翱《论法律物权和事实物权的区分》，《法学研究》2001年第5期。

证明力。可见，事实物权与法律物权的区分能在法定公示方式之下，为保护真正权利人留有通道。但承认宅基地买受人权利优先于普通金钱债权人实现、商品房消费者权利优先于抵押权人实现，并非公示的权利状态与真实权利状态不一致的问题，而是此种权利优先于其他权利实现是否于法有据、合乎法理的问题。

此外，之所以会存在是否应当对宅基地等不动产买受人与商品房消费者给予例外保护这一问题，原因在于从买卖合同的订立到买受人取得所有权，往往存在较大的时间差。在这一时间差内，普通债权人、商品房消费者、抵押权人、建筑工程承包人等利害关系人的权利会发生冲突。在商品房价值一定的情况下，权利实现顺位上是否具有优先性，在很大程度上决定着权利是否能够顺利实现。网签备案制度能在一定程度上减少从合同订立到买受人取得所有权的时间差内的权利冲突，[①] 但冲突一旦发生，涉及各方利益状态的权衡，该项制度并不能作为价值判断的标准。

三　宅基地买受人执行异议权的正当性

（一）诉讼法相对于实体法的相对独立性

宅基地买受人权利与商品房消费者权利被冠之以"权利"之名，虽然此种"权利"状态的产生并非基于实体法，却是程序法在应对实践需要中的一种变通。《执行异议复议规定》第28条、第29条的制定，正是因为实践中出现了商品房预售不规范，损害商品房消费者生存利益的现象，需要对宅基地买受人的利益予以特殊的保护。司法实践中产生的问题倒逼法律规则的完善。但是对于宅基地买受人权利的保护仍然存在规则不清晰、实体与程序的脱节的问题，对于执行异议是否成立的判

[①] 参见常鹏翱《住房买卖合同网签备案何以必要》，《法治研究》2020年第4期。

断与伺后执行异议之诉的裁决，没有界限分明的程序审查规则与实体权利归属的判断规则。一切审查活动的开展，还是仅仅以《执行异议复议规定》第 28 条、第 29 条作为判断依据。

（二）保护宅基地买受人的生存权

1. 基本居住需求涉及人的生存尊严

承认居住需求属于人的基本生存权的范畴，商品房消费者权利优先于其他权利实现就具有正当性。《宪法》第 33 条第 3 款规定，国家尊重和保障人权。保障公民的生存权是国家的一项义务。国家甚至通过强制财产所有人履行义务的方式，实现向生存请求者提供物质帮助的义务。[①] 财产是实现生存权的物质条件，为满足生存条件而要求获得财产，不以生存者履行义务为前提，反以掌控财产之人履行义务为前提。当商品房消费者权利与其他利害关系人的权利产生冲突时，商品房消费者的生存权处于绝对优位，司法裁判者在充分考量的基础上对其予以倾斜性保护，也是合乎法理的。保护生存权的价值立场也是决定立法和衡量法律正当性的重要标准。即使是在宅基地买受人权利与商品房消费者权利没有坚实的立法依据的情况下，《执行异议复议规定》第 28 条、第 29 条依然存在不可动摇的法理基础。

2. "最基本"居住需求的应有之义

即便生存权为商品房消费者权利的保护提供了坚实的法理基础，问题还在于生存权是一项基本人权，对人民的生存权负有保障义务的主体是国家而非平等的民事主体。国家如何识别"商品房消费者"，确定与商品房消费者生存条件相适应的基本份额，才是问题的关键。既然保护宅基地买受人的基本居住需求因涉及生存权而具备了正当性，那在此基础上，采取措施尽量减少对相关利害关系人权利状态的影响，才是符合

---

① 参见徐显明《生存权论》，《中国社会科学》1992 年第 5 期。

"必要性"和"最小伤害"原则的,也是满足商品房消费者"最基本"居住需求的应有之义。

四 宅基地买受人执行异议权的实现要件

(一)宅基地买受人排除执行的要件分析

个案中一般不动产买受人与商品房消费者身份的识别,决定了适用《执行异议复议规定》第 28 条还是第 29 条。《执行异议复议规定》第 28 条属于一般条款,第 29 条属于特殊条款,商品房消费者权利适用第 29 条,同时也可以参照适用第 28 条。实践中对宅基地等不动产买受人身份的识别,要求符合《执行异议复议规定》第 28 条规定的条件,同时排除符合商品房消费者要件的情形。《执行异议复议规定》第 28 条规定了以下条件:宅基地买受人已经与出卖人签订合法有效的买卖合同、合法占有不动产、支付全部价款、非因买受人自身原因未办理过户登记。司法实践中的分歧集中在"非因买受人自身原因未办理过户登记"这一要件上,其中对该要件的争论焦点又集中于宅基地买受人有无主观过错的识别上。有裁判经验或可供借鉴:房屋未经验收合格,开发商没有获得预售许可,或者因抵押权存在等情形无法办理过户登记的属于无过错[1];反之,在相当长的时间内都没有请求过户登记的积极行为的,则被认定为存在过错[2]。

---

[1] 参见重庆市高级人民法院(2019)渝民终 47 号民事判决书、山西省高级人民法院(2021)晋民申 1994 号民事裁定书、江苏省常州市中级人民法院(2020)苏 04 民终 3074 号民事判决书。
[2] 参见河南省高级人民法院(2022)豫民终 150 号民事判决书、北京市高级人民法院(2021)京民终 615 号民事判决书、河南省南阳市中级人民法院(2021)豫 13 民终 7103 号民事判决书、江苏省常州市武进区人民法院(2021)苏 0412 民申 6 号民事裁定书。

（二）处分性执行措施妨碍宅基地买受人权利的行使

处分性的执行措施会对宅基地买受人债权的行使造成障碍，保全性质的执行措施其实不一定会损害案外人利益。如查封、扣押、冻结等措施，只是保障债务人资产不被转移，债权人的债权届期可受清偿，暂时不会严重损害宅基地买受人的债权。即使采取保全措施，也不影响宅基地买受人依据其债权请求变更不动产的权属。对于此类保全性质而非处分性质的执行措施，可能没有中止执行的必要。保全性质的执行措施，是否会危害宅基地买受人权利还需在个案中具体分析。

调研附录

一 调研数据

（一）调查问卷及统计结果

宅基地使用权流转调查问卷（农户）

调查对象：_____省_____市_____县_____（镇、村）

作答时间：_____

亲爱的受访者，您好！我们是烟台大学法学院"宅基地使用权流转"问题调查队，为了深入了解我国农村土地问题现状，为完善相关法律规定提供理论支持，特组织本次调查。本次调查为纯学术性质，我们不会泄露您的相关信息，希望您如实回答相关问题。感谢您的真诚合作！

1. 您是否听说过"宅基地使用权流转"（包括宅基地的所有权、资格权、使用权）的相关政策？

A. 基本了解

B. 了解一点

C. 没听说过

（调查数据统计如图 1 所示）

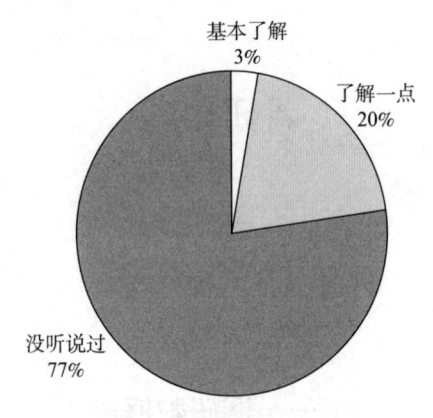

图 1　政策了解情况统计图

2. 您获取有关宅基地的最新政策的主要渠道是什么？

A. 政府公开性文件

B. 村委会宣讲

C. 新闻报刊

D. 日常交谈

（调查数据统计如图 2 所示）

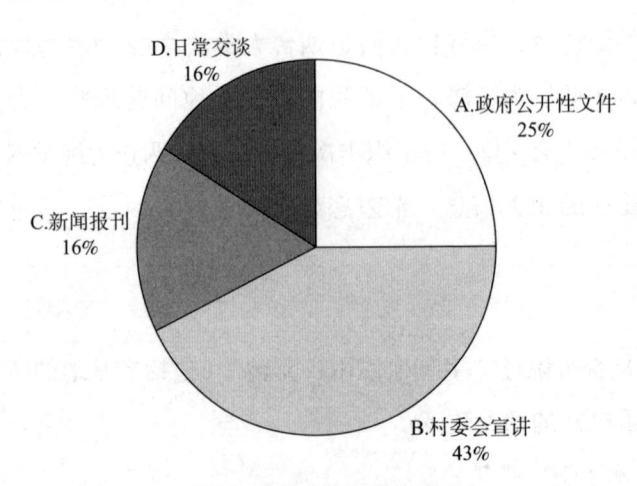

图 2　政策获取渠道统计图

3. 您的宅基地是否存在使用权转让情况，若有，是以何种形式签订转让协议？

A. 未转让

B. 已转让，亲戚朋友口头约定

C. 已转让，自行签订协议且有第三方做证

D. 已转让，备案

E. 已转让，签订协议、村委盖章或土地管理部门以租代售

（调查数据统计如图 3 所示）

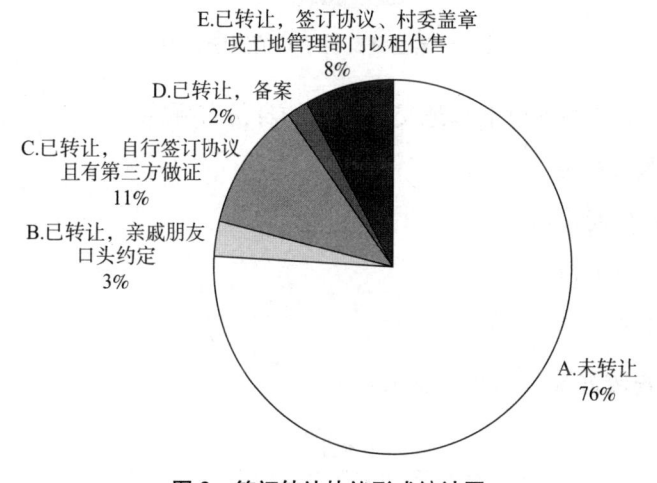

图 3　签订转让协议形式统计图

4. 您是否了解本村宅基地交易情况？

A. 交易很多

B. 交易较多

C. 几乎没有

D. 不清楚

（调查数据统计如图 4 所示）

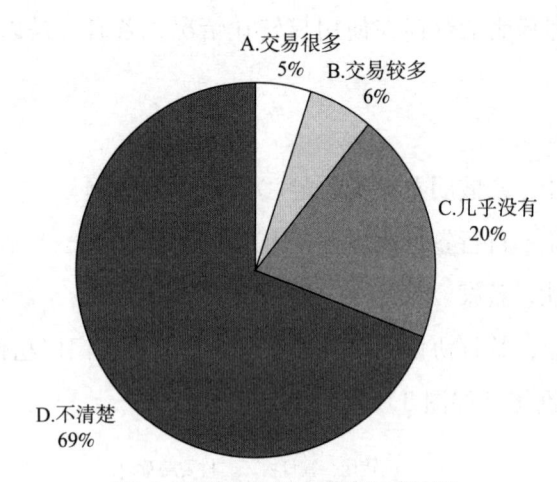

图 4 宅基地交易了解情况统计图

5. 您了解的本村宅基地交易对象的身份有哪些?

A. 本村村民

B. 其他村成员

C. 城市人口

D. 企业

(调查数据统计如图 5 所示)

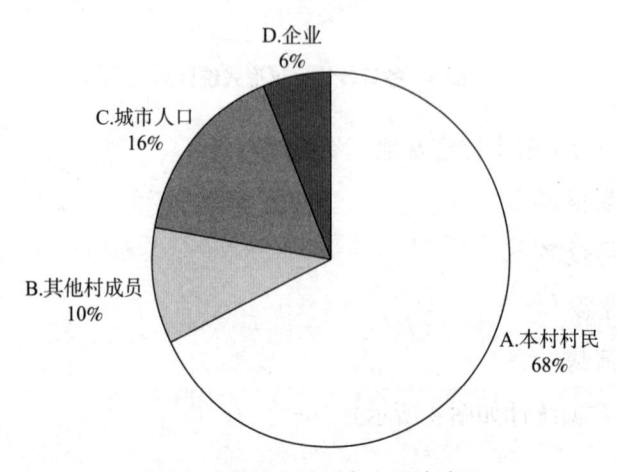

图 5 宅基地交易对象身份统计图

6. 您的闲置宅基地若得以流转（包括转让、继承、抵押、入股），流转原因会是什么？

  A. 在外购房，定居城市

  B. 有多处宅基地

  C. 村集体（或政府）统一组织，身不由己

  D. 流转收益高，增收明显

（调查数据统计如图6所示）

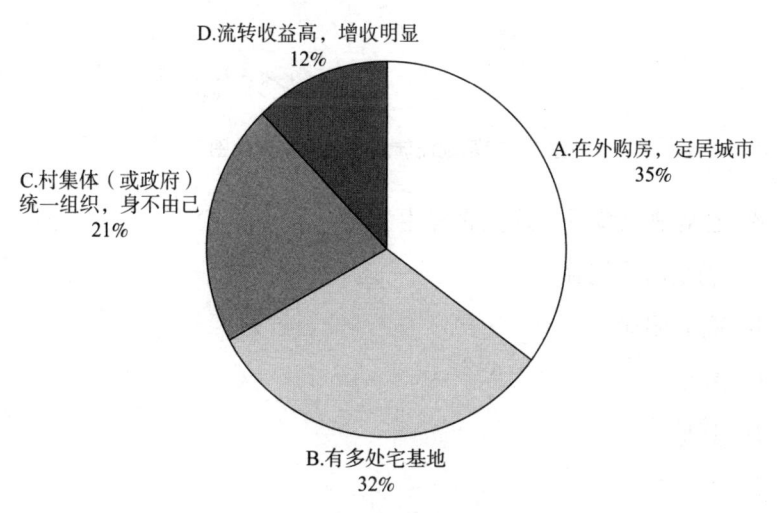

图6 宅基地流转原因统计图

7. 宅基地流转后您的收入变化如何？

  A. 收入增加

  B. 收入减少

  C. 基本持平

（调查数据统计如图7所示）

宅基地使用权流转的实证研究

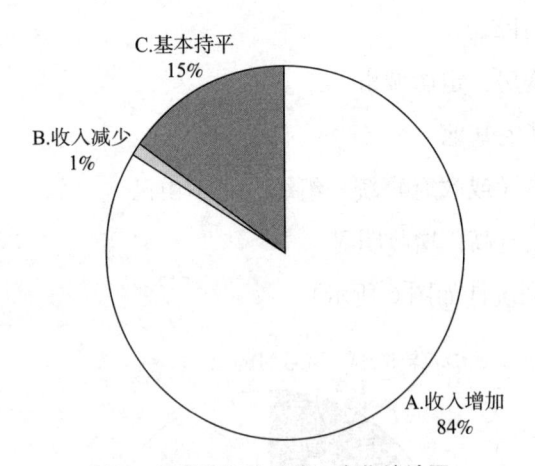

图7 宅基地流转后收入变化统计图

8. 宅基地流转后用途是否发生变化？

A. 仍是居住用途

B. 商业用途

C. 复垦

D. 其他

E. 不清楚

（调查数据统计如图8所示）

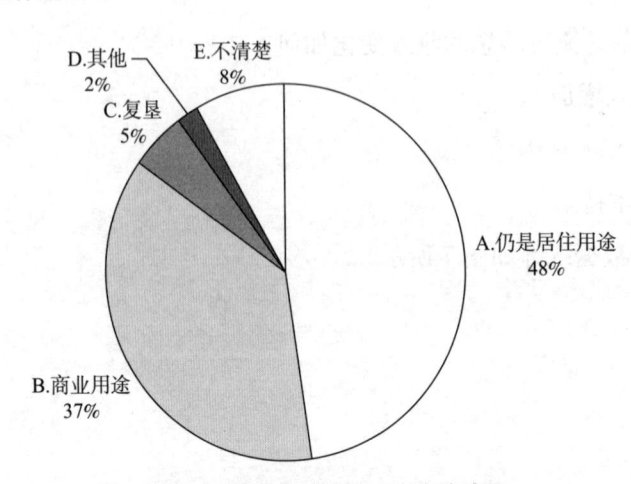

图8 宅基地流转后用途变化统计图

9. 若您选择宅基地退出，您会得到何种补偿？

A. 给予经济补偿

B. 给予房屋补偿

C. 获得宅基地收益分红

D. 无偿收回

（调查数据统计如图 9 所示）

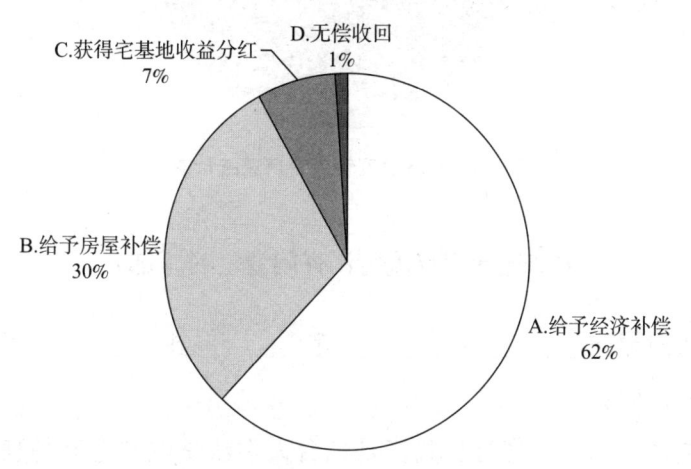

图 9　宅基地退出补偿方式统计图

10. 您是否可以监督流转过程中的自治组织和相关机构的权力运作？

A. 无法监督

B. 监督渠道少，权力运作不透明

C. 可以监督，但责罚不到位

D. 能够有效监督

（调查数据统计如图 10 所示）

宅基地使用权流转的实证研究

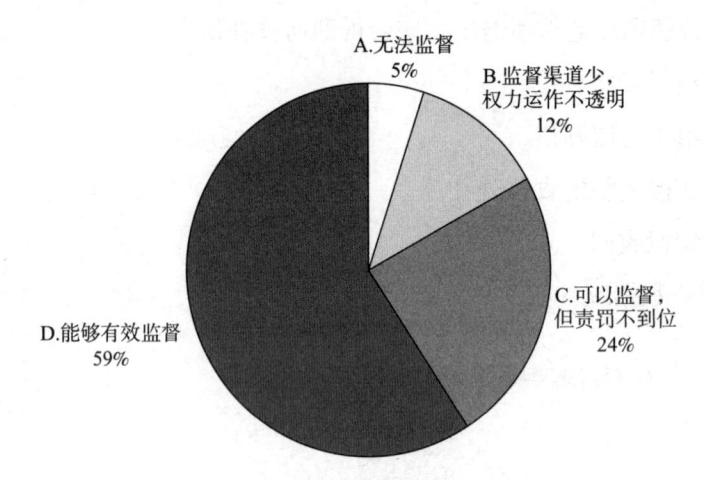

图10 宅基地流转监督情况统计图

宅基地使用权流转调查问卷（村干部）

调查对象：_____省_____市_____县_____（镇、村）

作答时间：_____

亲爱的受访者，您好！我们是烟台大学法学院"宅基地使用权流转"问题调查队，为了深入了解我国农村土地问题现状，为完善相关法律规定提供理论支持，特组织本次调查。本次调查为纯学术性质，我们不会泄露您的相关信息，希望您如实回答相关问题。感谢您的真诚合作！

1. 村集体是否会及时向村民宣讲宅基地流转的相关政策？

A. 经常宣讲

B. 偶尔宣讲

C. 宣讲较少

（调查数据统计如图11所示）

164

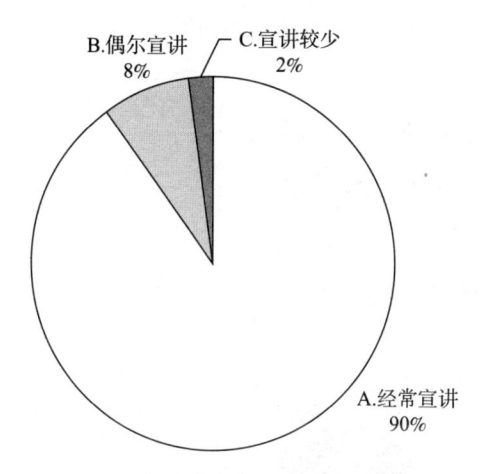

图 11 村集体政策宣讲情况统计图

2. 本村当前宅基地私下交易的现象是否普遍？

A. 非常普遍

B. 较为普遍

C. 情况很少

D. 无此种情况

（调查数据统计如图 12 所示）

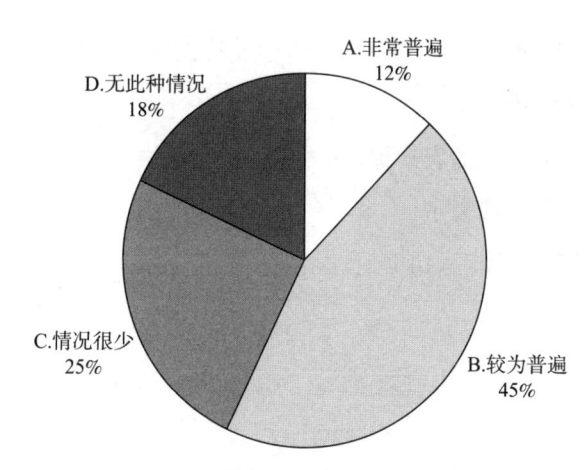

图 12 宅基地私下交易情况统计图

165

3. 本村"确权颁证"工作进展如何？

A. 基本颁发

B. 部分颁发，剩下的陆续颁发

C. 准备颁发，还在上级部门

D. 工作还没开展

（调查数据统计如图 13 所示）

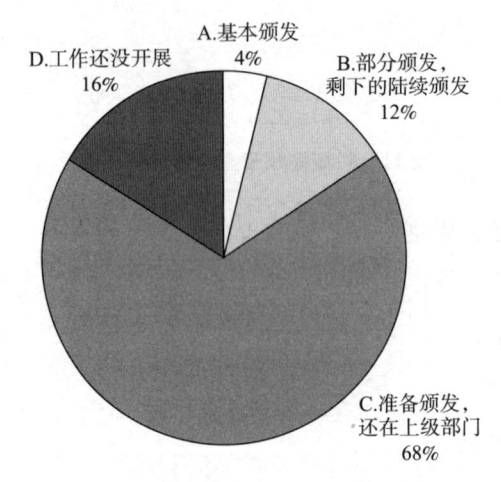

图 13 "确权颁证"工作进展情况统计图

4. 本村村集体在农户宅基地流转中发挥的作用如何？

A. 起主导作用

B. 辅助作用，帮助农户流转

C. 农户个人流转为主

（调查数据统计如图 14 所示）

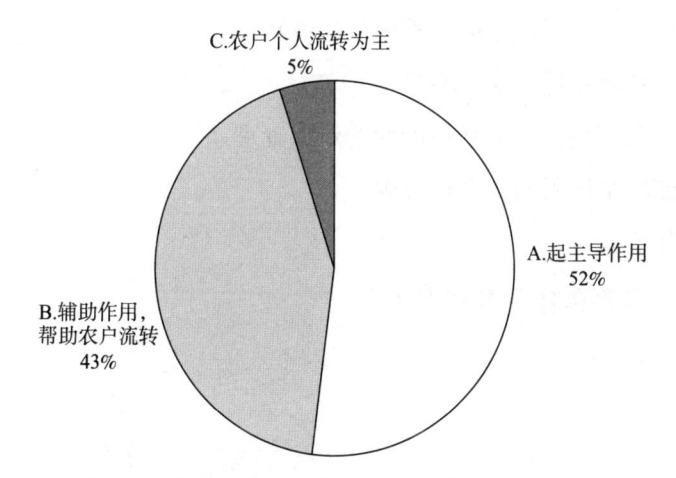

图14 村集体在农户宅基地流转中发挥的作用统计图

5. 本村是否对流转对象作出限制？

A. 仅允许本村集体内部流转

B. 根据流转后用途适当拓宽流转对象

C. 无限制

（调查数据统计如图15所示）

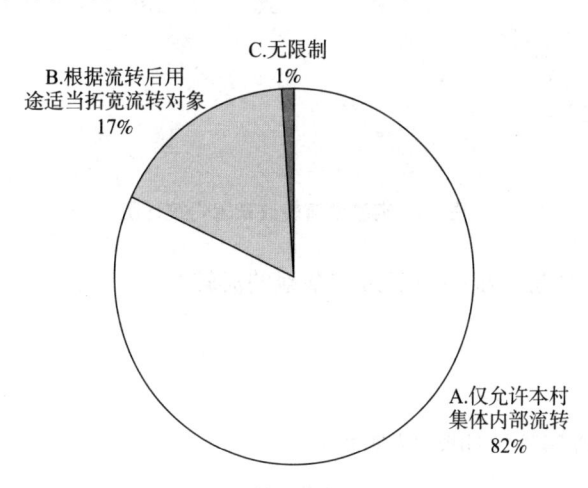

图15 对流转对象的限制统计图

6. 您认为本村宅基地流转改革的阻碍是什么？（多选）

A. 宅基地尚未完成确权颁证

B. 村民出于居住考虑，不愿进行流转

C. 流转收益低，动力不足

D. 政策不到位，流转后的纠纷难以处理

E. 流转主体限制，受让方少

F. 其他

（调查数据统计如图16所示）

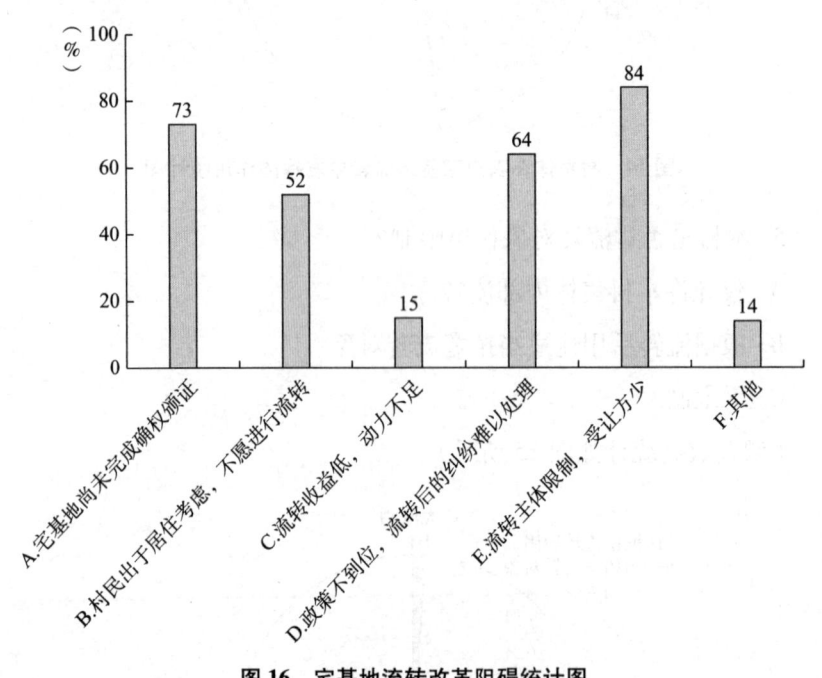

图16 宅基地流转改革阻碍统计图

7. 村委会是否统一组织过宅基地的流转？

A. 是

B. 否

（调查数据统计如图17所示）

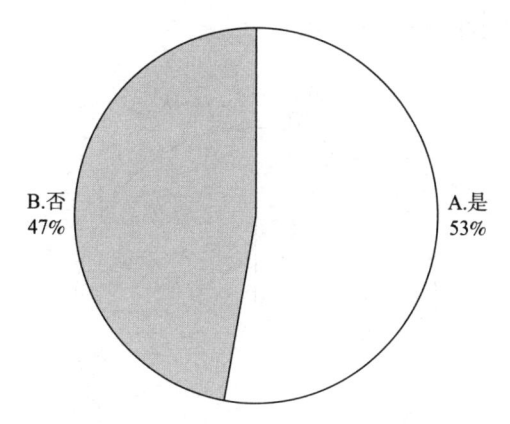

图 17　村委会对宅基地流转的组织情况统计图

8. 村集体是否享有本村宅基地流转的部分收益？

A. 全部享有，按比例分得部分收益

B. 部分享有，只享有村集体负责流转的宅基地收益

C. 不享有

（调查数据统计如图 18 所示）

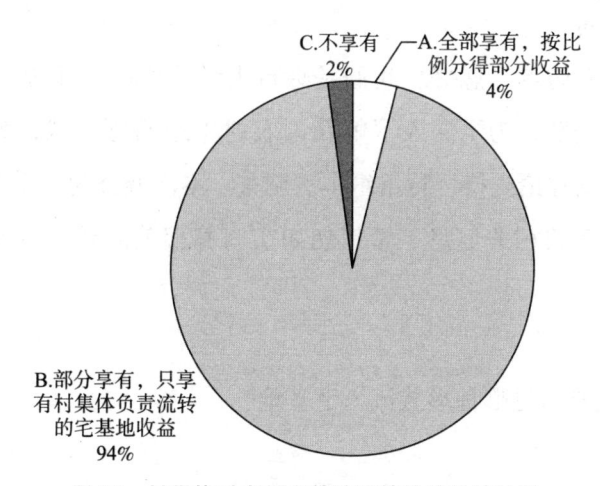

图 18　村集体对本村宅基地流转的收益统计图

9. 在本村村民流转宅基地是否需要事先经过审批？

A. 是

B. 否

169

（调查数据统计如图 19 所示）

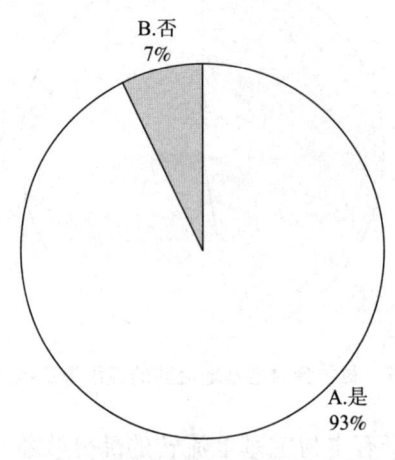

B.否
7%

A.是
93%

图 19　宅基地流转审批情况统计图

宅基地使用权流转调查问卷（转入方）

调查对象：_____

作答时间：_____

亲爱的受访者，您好！我们是烟台大学法学院"宅基地使用权流转"问题调查队，为了深入了解我国农村土地问题现状，为完善相关法律规定提供理论支持，特组织本次调查。本次调查为纯学术性质，我们不会泄露您的相关信息，希望您如实回答相关问题。感谢您的真诚合作！

1. 您主要通过哪种形式流入宅基地？
   A. 转让
   B. 继承
   C. 抵押
   D. 入股
   E. 其他

（调查数据统计如图 20 所示）

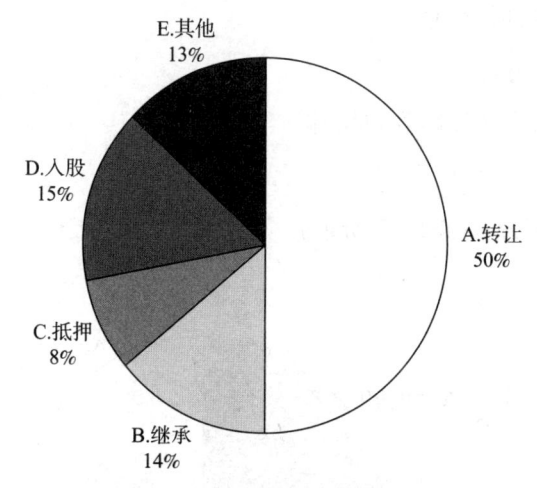

图 20　流入宅基地形式统计图

2. 您通过何种方式获取闲置宅基地信息？

A. 与农户直接联系

B. 联系村集体或合作社，由其负责寻找宅基地

C. 报当地政府审批，借助政府

D. 利用市场获取资讯

（调查数据统计如图 21 所示）

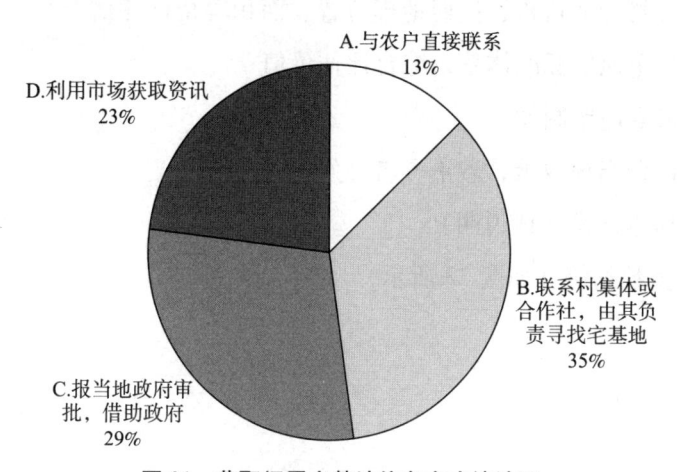

图 21　获取闲置宅基地信息方式统计图

3. 您给予转出方何种福利待遇？

A. 一次性补偿金钱

B. 按收益分红

C. 给予新房产保障农户居住

D. 其他

（调查数据统计如图22所示）

D.其他 5%
A.一次性补偿金钱 17%
C.给予新房产保障农户居住 23%
B.按收益分红 55%

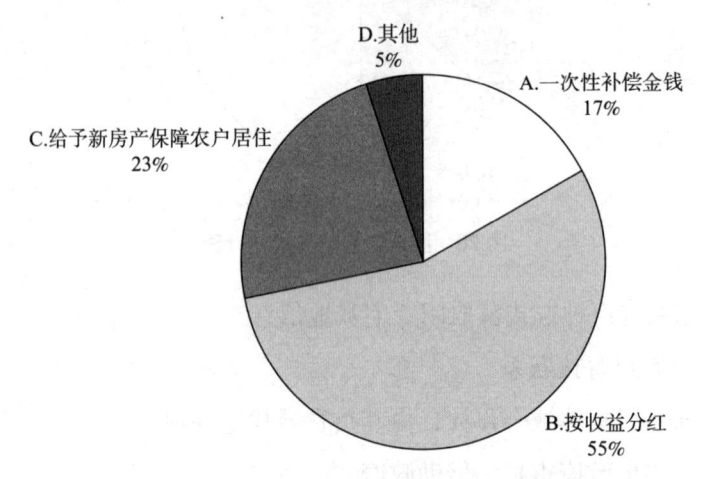

图22 转入方给予转出方的福利待遇形式统计图

4. 您在接收流入的宅基地时如何评估其经济价值？（多选）

A. 寻找专业机构，按照地理位置、面积等指标评估

B. 采用地价标准体系，综合评估价值

C. 采取地票制度

D. 结合当地政策，着重参考开发潜力

E. 其他方式（请说明）

（调查数据统计如图23所示）

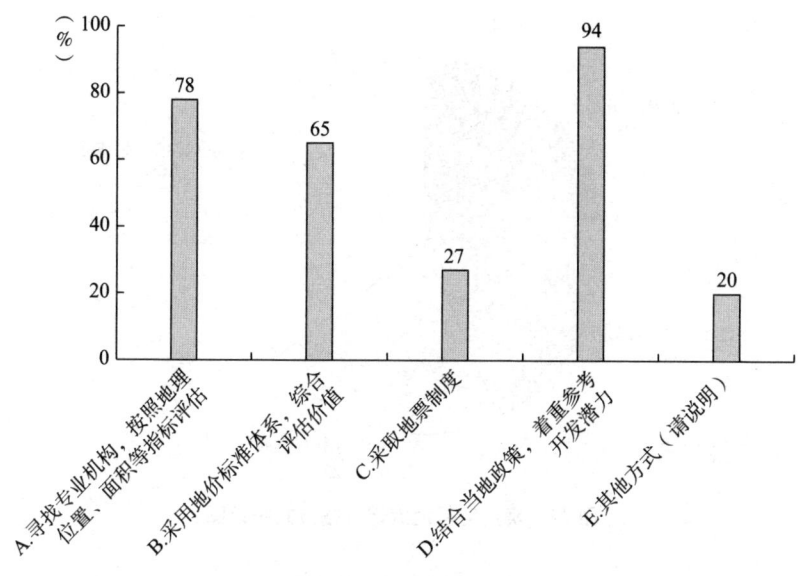

图 23　评估宅基地经济价值方式统计图

5. 您如何与转出方确定宅基地流转价格？

A. 根据评估结果确定

B. 与转出方协商

C. 由村委会确定

D. 寻找第三人

E. 其他方式

（调查数据统计如图 24 所示）

6. 为提高经济效益，您是否会改变宅基地的居住用途？

A. 会改变，但会考虑农户和村集体的意见

B. 会改变，但参考当地政府的规划

C. 有改变的打算，但没想好

D. 不会改变

（调查数据统计如图 25 所示）

宅基地使用权流转的实证研究

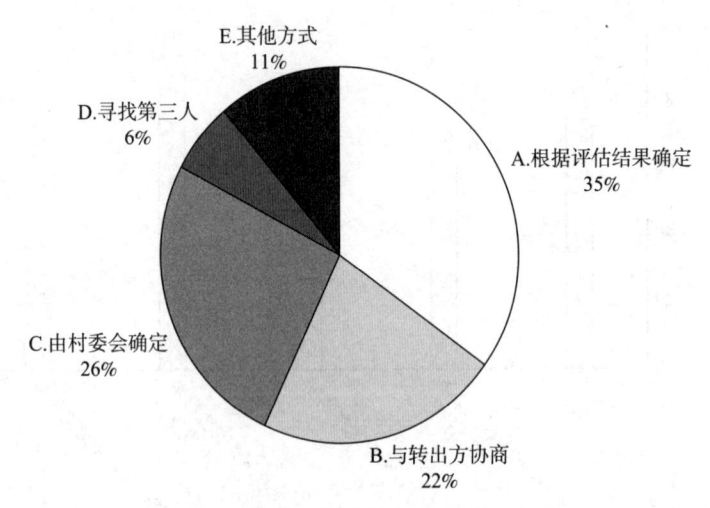

图24 确定宅基地流转价格方式统计图

- A.根据评估结果确定 35%
- B.与转出方协商 22%
- C.由村委会确定 26%
- D.寻找第三人 6%
- E.其他方式 11%

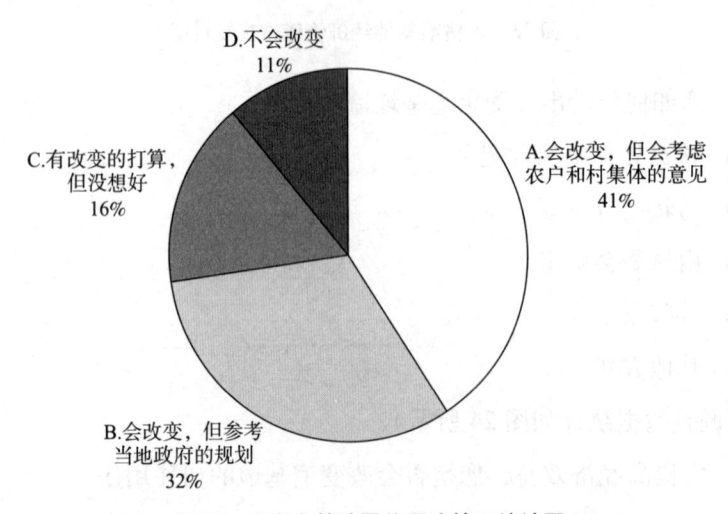

图25 改变宅基地居住用途情况统计图

- A.会改变，但会考虑农户和村集体的意见 41%
- B.会改变，但参考当地政府的规划 32%
- C.有改变的打算，但没想好 16%
- D.不会改变 11%

7. 您在接收宅基地后，是否会选择登记？

A. 不登记，因为双方已签订合同

B. 看政府要求，若需强制登记便登记

C. 手续齐全一定要登记

（调查数据统计如图26所示）

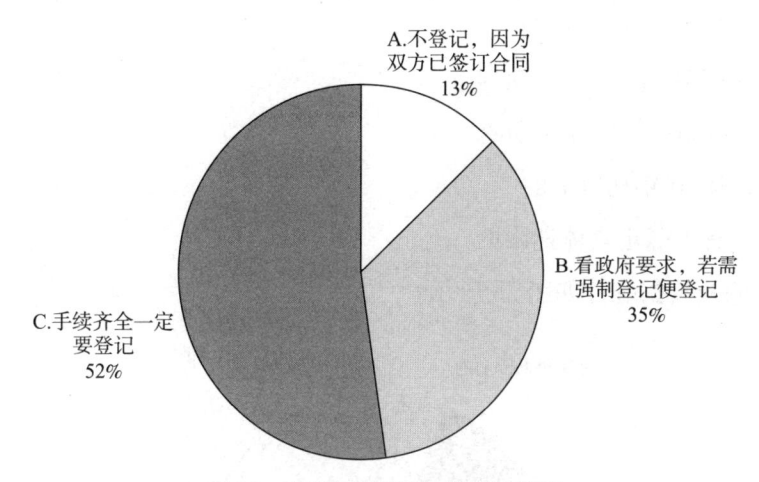

图 26　宅基地流转登记情况统计图

8. 在分红时，您与转出方如何分配宅基地所得的收益？

A. 事先约定好比例，按比例分红

B. 每年固定金额

C. 其他

（调查数据统计如图 27 所示）

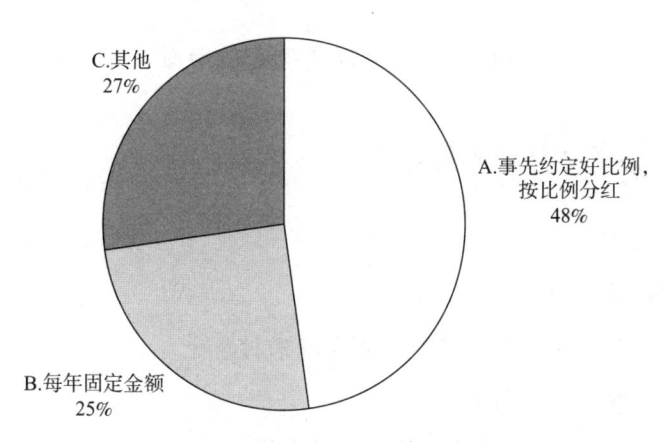

图 27　宅基地收益分配情况统计图

9. 您转入的宅基地，合同期限为多长时间？

A. 一年签一次合同

B. 有 1 年到 5 年期的

175

C. 有 5 年到 10 年期的

D. 有 10 年到 20 年期的

E. 有 20 年到 30 年期的

F. 有 30 年期以上的

G. 有未确定具体期限的

（调查数据统计如图 28 所示）

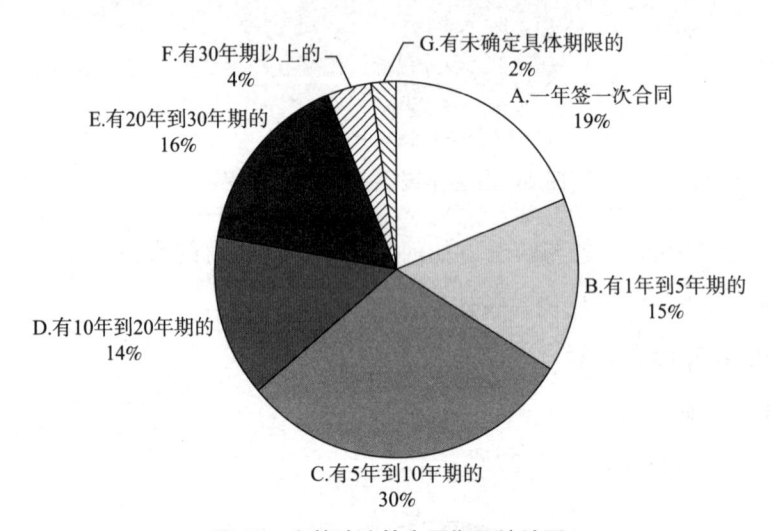

图 28　宅基地流转合同期限统计图

（二）多方主体访谈实录

1. 访谈实录之一

谈话时间：2022 年 7 月 1 日

谈话地点：山东省淄博市临淄区温家村委会

谈话对象：村委会主任

队员："咱们村的宅基地确权现状如何？"

村委会主任："政府部门说是准备给村里的宅基地发确权证书，但实际上村里大多数宅基地都得不到法律保护，村民心里不踏实。"

队员："您认为村里宅基地流转的阻碍在哪？"

村委会主任："村里宅基地私下交易现象比较严重。村里宅基地流转大多是通过房屋买卖、出租、抵押变相流转，形成了自发的隐形市场，但是这些流转缺乏保障，一旦发生纠纷很难解决。"

队员："咱们村参与宅基地流转的村民多吗？"

村委会主任："目前村里参与宅基地流转的农户还是少数，他们也不愿意将自己的宅基地流转出去。但如果政府给予足够的退出补偿，他们对宅基地流转还是会保持比较开明的态度。"

2. 访谈实录之二

谈话时间：2022 年 7 月 3 日

谈话地点：山东省济南市三涧溪村村委会

谈话对象：村党支部书记

队员："咱们村是宅基地改革的模范村，您是通过什么方式让村民们接受把自己的宅基地出让出去的？"

村党支部书记："就是挨家挨户地走访，读懂政策并说给村民听，让乡亲们懂政策，告诉他们宅基地改革大家都能分红，大家心里接受了自然就愿意支持改革了。"

队员："可以介绍一下咱们村改革的模式吗？"

村党支部书记："咱们村是采用'三变'改革+平台建设，把三涧溪村的资源、资金、劳动力真正盘活利用起来，让村民就业有门路、创业有出路。如今，三涧溪村的村民享有入股分红、工资性收入、经营性收入、财产性收入等多重保障，村里的老年人、困难户还享受村集体的福利，村民的共同富裕道路越走越宽。"

队员："方便举几个典型例子吗？"

村党支部书记："比如说，咱们利用村里流转出的 4000 余亩土地建设而成的集约型工业园，吸引了 70 多家企业在此落户，为村里 800 多名劳动力提供了就业岗位；新近开发的美食街、古村游等产业项目，以'群众参与、出资入股、年底分红'的方式，带动 580 户村民进入产业化链条，成为撬动村民增收的新支点；为返乡创业人员量身打造的绿涧农创园，在科技孵化、租金减免、市场销售、品牌打造、小额担保贷款以及后期融资等一系列服务的加持下，吸引了越来越多的年轻人回乡创业。"

3. 访谈实录之三

谈话时间：2022 年 7 月 5 日

谈话地点：山东省枣庄市某国土所

谈话对象：山东省枣庄市某国土所工作人员

队员："据您了解，目前宅基地流转的现状如何？"

工作人员："各地区在农村宅基地退出试点中取得了成效，但是难以实现大的突破与创新。受政策法规的限制，宅基地使用权有偿流转成了缺少法律支撑的空架子，市场机制也难以进入农村宅基地退出系统中，政府主导下的宅基地退出机制难以实现资源的优化配置。"

队员："具体存在哪些问题？"

工作人员："一个是行政管理不健全，在宅基地的流转阶段，需要向国家申请不动产登记，明确宅基地使用人的基本权利。起初，宅基地使用权的物权事项需要申请才能确权，这就在一定程度上让该项政策陷入了被动的局面。相关部门也无权对其进行干涉，导致在行政管理阶段，并不能有效维护农民的合法权益，造成土地流转阶段各项工作进展缓慢，这无疑会增加管理成本。行政管理不健全，也会让整体工作陷入低效率状态，如一些土地流转的手续非常烦琐，难以在短时间内完成，造成土地流转成本的上升，阻碍了土地流转，也不利于提升农民土地的利用率。第二个是宅基地使用权的取得较为烦琐。农民取得宅基地的使用权需要取得相关政府部门的审批，但是与这个宅基地的所有人却关系不大。而我国农民的人口非常多，单是依靠有效的政府资源难以满足农民对土地使用权流转的需要，导致在此种模式下，政府审批行为也相当于行政许可，在灵活上有所欠缺，违背了宅基地使用权设置的意义。另外，作为村集体成员，农民天然地享受到宅基地的使用权利，而行政机关所谓的审批则在一定程度上违背了宅基地使用权流转制度设置的本身意义。另外，宅基地使用权的获得主要依赖于农民以及宅基地的所有权人村集体之间的合同，这就使宅基地的使用权的取得较为烦琐，不利于操作。"

队员："除了宏观方面的问题，有没有在实践中出现阻碍？"

工作人员："这个肯定是有的，比如'一户多宅'现象的出现，就是很棘手的一个问题。儿子长大后，需要先建新房然后结婚，这就会造成'一户多宅'的情况发生。这也就和《土地管理法》中的相关规定有所违背。另外，宅基地的面积也需要遵守地方上规定的相应标准。但是在实际操作阶段，房屋能够合法继承，导致了'一户多宅'等情况的出现，给相关部门的工作带来难度。在农村宅基地使用权流转过程中，由于情况相对复杂，给使用权的流转造成困难，直接或者间接影响了使用权流转的效率。"

4. 访谈实录之四

谈话时间：2022 年 7 月 5 日

谈话地点：山东省枣庄市山亭区李庄村

谈话对象：村党支部书记

队员："咱们村回收闲置宅基地是村集体统一回收吗？"

村党支部书记："是的，我们在村里建立了合作社，通过合作社来进行回收，然后在政府专项资金的支持下进行开发，并不会外包给企业。这样就给了集体成员一个创收致富的途径，很多原本进城务工的村民也纷纷回到了家中，其实这也在一定程度上解决了我们劳动力流失的问题。"

队员："宅基地回收有没有相关的补偿政策？"

村党支部书记："村里在回收宅基地时会与村民进行协商，以租赁的形式向村民一次性支付 10 年或 20 年的租金。村民可以享受租金，但具体的运营还是交给合作社或者其他的帮扶企业来统筹负责。"

队员:"宅基地在回收改造之后产权会不会发生变更?产权证是否已经办理?"

村党支部书记:"因为我们一般是以租用的形式进行回收,所以在租赁到期后我们会跟村民续约租赁合同,这样的产权是不发生变动的。但有些情况是村民会选择把宅基地卖给村集体,这样的话产权就会发生变动。产权证现在还没有分发到户,不管是村民自家的宅基地还是'农村小院'的建筑,产权证现在都是由集体保管的。"

队员:"那么咱们村里有没有宅基地不经集体回收直接买卖的情况?"

村党支部书记:"这种情况是不允许的,所以我们村里也没有相关的情况。当然也有把宅基地向外租赁的情况,对于非本集体组织成员,要想租赁我们村里的宅基地,是需要经过集体审批的,在租赁的合同里要把用途标明,跟村集体签订合同,租金会由村集体交付给村民,这其实也保障了那些外来租户的权利。"

队员:"村中有没有'一户多宅'的情况?会不会有对每户宅基地规模的限制?"

村党支部书记:"'一户多宅'的情况在每个村子里都是存在的,农村也还没有对于这种情况处理办法的具体规定,虽然国家有相关的政策,但是也还没有具体施行。'一户一宅'的要求我们已经知晓,但对于多余宅基地的处理办法,因为还没有统一的要求,所以也还没有对多余宅基地进行处理。但原有的宅基地是已经固定了的,就算村中出现部分成员宅基地不够用的情况,也不会去规划新的宅基地,近10年来我们村里都没有新批宅基地。"

队员:"宅基地租赁后是否会发生纠纷?"

村党支部书记:"这种事情在我们李庄村还没有发生过,因为租赁合同是由村集体签订的,一些条款有着明确的约定,事先已经征得了村民的同意,所以一般不会有相关的纠纷。"

队员："村里现在是否允许外来企业租用土地去建厂房？"

村党支部书记："在我们村里是不允许的，因为像工业厂房和养殖基地会对我们现在的旅游资源造成一定程度的破坏。而且按照规划，村子旁边的岩马水库将会成为一个重要的水源地，在我们村的发展规划里是要避免厂房这样的工程设施影响我们住宅区和旅游区正常生活和经营的。"

队员："除了购买和租赁以外，村里是否允许村民将宅基地入股呢？"

村党支部书记："这一点我们当然是允许的，但是入股这种方式在短期内难以看到收益，而租赁可以直接让村民拿到现金，所以按照农村的传统思想，入股虽然不被禁止，但在我们村里几乎不存在。当然如果村民想用自己的房子改造成民宿或供游客参观，我们也是鼓励的，只要村民提出来这样的想法，村集体会帮助他去联系相关的专家进行规划。"

队员："村中流失的劳动力回归有没有对我们的发展产生好的影响？"

村党支部书记："村里现在有很多外出务工年轻人已经回家了，当然我们现在只是有了初步的发展，相较而言，在城里打工所获得的收益可能会更加稳定，所以也有一部分青年仍然在观望，但我想过几年大家都会回来的。乡村振兴是一个很大的任务，不可能仅靠'农村小院'来实现，它需要好几代人的共同努力。"

队员："村里有没有想过在确权完成后把宅基地抵押给银行从而获取更多的资金支持呢？"

村党支部书记："这个还没有。其他一些村庄可能有类似的做法，但在我们村还没有这样的先例。可能很多村庄需要换取资金去发展农业，而李庄村则是以旅游业为支柱产业。我们是岩马水库的搬迁村，人均耕地面积非常小，所以经济发展重心还是放在'农村小院'上，这得益于国家和政府的大力支持，在建设的初期阶段我们并没有遇到太大的资金困难，所以也就没有抵押宅基地去贷款这样的想法。"

5. 访谈实录之五

谈话时间： 2022 年 7 月 8 日

谈话地点： 山东省枣庄市山亭区温庄村

谈话对象： 村党支部书记

队员："请问现在的温庄村乡村振兴进行到了什么程度？"

村党支部书记："乡村振兴是一个非常宏大的话题，在国家政策的领导下，这是一个具有长效性的任务，并不是一天两天就能够实现的。并且我认为乡村振兴的过程与国家制定的战略也有一定的关系，比如到某一个节点去完成某一项任务，这都是在国家的统筹安排下有序进行的。我们村是曾经的省级贫困村，因为处于山区，而且也是水库建设的搬迁移民村，经济条件比较差。另外，我们村里的土地有很多都被水库淹没了，人均只有 0.4 亩的耕地，靠种粮食是很难发展的。所以，我们最主要发展的农业就是利用山地进行桃树的种植，年轻人现在基本在江浙沪一带做水果的经销或开直营店。村里基本是老人和孩子，这也是我们村发展的一个难题。"

队员："那么村中年轻人外出是否造成了宅基地的闲置？"

村党支部书记："农村宅基地闲置是一个普遍的问题，之前宅基地划分的相关规定并不完善，大量宅基地被规划，从而导致了这种现象的产生。我们村里宅基地闲置的情况大约占 30%，这是一个非常突出而且难以解决的问题。其实宅基地作为建设用地的一种，是一项宝藏，在我们国家耕地紧缺，十八亿亩红线保持不动的情况下，建设用地是越来越紧缺。现在利用闲置宅基地最好的方式是开发民宿搞旅游业，吸引更多村民返乡再就业。但是，在中国的广大农村，不是所有村庄都有可供开发的旅游资源，所以仅靠这种方式是没法解决这个问题的。另外，还有一种比较好的方式就是国家资本的介入，把几个村集中到一起进行开发，把宅基地重新规划，改造成耕地，把土地利用率最大程度地提高，我们国家对于这样的政策也有一些专项的资金支持。但这也仅仅是个例，它在农村推行也有一定的困难，可能引起村民的不满。其实我认为第二种方式是更符合多数农村发展现状的，国家也应该出台更多的政策去推动这方面的发展，作为我们这样的基层干部，还是要坚定理想信念，根据各个村庄的实际条件去决定发展方向。"

队员："当前我们的宅基地流转有没有遇到什么困难？"

村党支部书记："其实最麻烦的一点是现在我们的宅基地禁止城里人来购买，它不同于国有土地，属于集体土地，那么导致我们在宅基地流转时受到约束，难以解决闲置问题。我认为在一定条件下，可以把宅基地作为普通商品，允许城里人去购买，这样就能弥补现在宅基地租赁导致的一些不利后果。当然这在我们目前的政策下是难以推行的，这就要求政府进行积极的引导，加上企业或国家的资金支持，结合老百姓对美好生活的向往，从多个方面持续发力，才能推动宅基地的盘活利用。"

队员："村里现在关于宅基地确权问题走到哪一步了？"

村党支部书记："我们温庄村是宅基地确权的试点村，现在确权工作已经结束了，也已经申请了不动产证，但因为一些原因，这些证明还没有统一发放。在法律层面上，确权工作有着重大意义，但其实这与我们农民的日常生活联系并不是十分密切。因为，在大多数村民的生活里是不需要用到这种不动产证的。当然，不动产证是村民权益得到保障的前提，我们还是要在传统习惯的基础上进行革新、进行发展，也是响应国家政策，积极推进我们村里的确权工作进行。"

队员："村里现在还会不会规划新的宅基地？"

村党支部书记："在我们村已经很久没有新批过宅基地了。当然，在我们发展的过程中，极个别村民会出现宅基地不够使用的问题，但我们村里现在面临的困难是，我们处在无地可批的状况。所以，在这种情况下，我们还是鼓励在集体组织成员之内进行交易。因为我们是岩马水库的搬迁村，曾经有很多的老人为了响应国家号召搬迁到了其他省份，对于这些老人，如果他们以后想要回到故乡，我们村集体会作为特殊情况，为其在本村寻找合适的宅基地进行租赁或交易。当然除此以外，外村人想要租赁或购买我们村集体的宅基地，是不被批准的。"

二 调研纪实

（一）宅基地使用权调研队赴淄博临淄进行调研

1. 宏观了解，把握方向

为响应2018年《中共中央 国务院关于实施乡村振兴战略的意见》有关"完善农民闲置宅基地和闲置农房政策，探索宅基地所有权、资格权、使用权'三权'分置，落实宅基地集体所有权，保障宅基地农户资格权和农民房屋财产权，适度放活宅基地和农民房屋使用权"的号召，经过详尽的活动规划和行动部署，烟台大学法学院宅基地使用权调研队于2022年7月1日开始调研。

为了解省内农村宅基地改革推进现状，捋清宅基地改革及宅基地使用权流转中的阻力与不足，在清楚准确地了解现状的基础上提出有可行性的宅基地改革意见，以更好地推动宅基地使用权流转的方式的发展与完善，烟台大学宅基地使用权调研队前往淄博市临淄区，对临淄区的宅基地改革与流转情况进行进一步调研。

2. 实地走访，了解现状

在临淄区温家岸村，队员们与村党支部书记进行了深入交流，系统而又全面地了解了温家岸村宅基地的流转情况，着重咨询了本村村民对于宅基地流转的有益探索。村党支部书记谈道："村民之间依据习惯进行宅基地流转的尝试，增加了农民的收入，应该得到更多政策支持。"在与村党支部书记的交谈中，队员了解到本村村民有将闲置宅基地流转以增加收入的尝试，但因对宅基地使用权流转的不甚了解，这种现象还不是很普遍。

队员们在村党支部书记的协助下，召集了部分村民，采用调查问卷和座谈相结合的方式了解当地农民对于宅基地的相关诉求和本村宅基地存在的现实问题。同时，与村民们交流了对于宅基地使用权流转尝试采取的具体措施，对于研究破除宅基地使用权流转困境的痛点和难点有着重要意义。

通过本次实地调研，队员认识到宅基地的相关权利应当始终保证牢牢握在农民的手里，保持其福利性质，以此提升农民的安全感。相关保障措施齐全，让农民吃下定心丸，宅基地流转才会有实现的可能性，也是我们在构想宅基地流转蓝图中不可忽视的问题。

（二）美丽三涧溪，村庄致富路

调研队访问了山东省济南市章丘区三涧溪村的村党支部书记，据村党支部书记介绍，三涧溪村采用"三变"（资源变资产、资金变股金、农民变股东）改革+平台建设的方式，将三涧溪村的资源、资金、劳动力真正盘活利用起来，让村民就业有门路、创业有出路。对于不懂政策的村民，村干部会挨家挨户地走访，读懂政策后说给农民听，让农民懂政策。如今，三涧溪村的村民享有入股分红、工资性收入、经营性收入、财产性收入等多重保障，村里的老年人、困难户还享受村集体的福利，村民的共同富裕道路越走越宽。利用村里流转出的4000余亩土地建设而成的集约型工业园，吸引了70多家企业落户，为村里800多名劳动力提供了就业岗位；新近开发的美食街、古村游等产业项目，以"群众参与、出资入股、年底分红"的方式，带动580余户村民进入产业化链条，成为撬动村民增收的新支点，在一系列服务的加持下，吸引了越来越多的年轻人回乡创业。

（三）访枣庄山亭齐下乡，探寻流转新模式

1. 探访李庄村，了解宅基地流转模式

在了解到枣庄市山亭区有优秀的宅基地流转案例之后，调研队来到了第三站枣庄市山亭区。经枣庄市山亭区政府介绍，调研队来到了李庄村。李庄村的宅基地流转已经具有一定的规模，非常具有参考借鉴意义。李庄村党支部书记热情地接待了调研队成员。经过认真细心地调研，成员们了解到，从2018年开始，李庄村便成了农村综合改革的重点实验村之一。彼时的李庄村，作为当地岩马水库的搬迁村，多数田地被淹没，人均耕地面积少，大多数青壮年选择外出务工，也正是因此，村中出现了大量闲置的宅基地。该村虽然有独具优势的旅游资源与闲置的宅基地，但由于基础设施的不完善与村民对宅基地流转的不了解，该村的旅游资源和闲置宅基地并未得到合理利用。2018年后，在国家政策的支持下，村集体以租用、回收等方式对宅基地进行了改造，发展民宿经济的同时还进行本村农产品的销售，在解决宅基地闲置问题的同时引导劳动力回流，使集体组织成员的收入有了明显提高，从省级贫困村发展成山东省乡村旅游重点村。

非本村集体组织成员租赁宅基地也是宅基地使用权流转的焦点问题。在李庄村，确实存在着将本村宅基地租赁给外来人员的案例，但租赁必须经过村集体（合作社）同意，农户不得擅自将宅基地租赁给本村集体组织以外的人员。这种方式使外来人员、农户与村集体的权利都得到了保障。

2. 分组调研，探寻宅基地流转阻力

为了更深入地获取信息，第二小队走访了几十户村民，与当地村民展开了深入的交流。温庄村党支部书记以宏观视角，站在多个角度为调研队剖析了"三权分置"背景下农村宅基地"使用权"的流转情况，并具体分析了现行农村风俗习惯、人理常情对于法律实践的影响。经过

对温庄村的走访，队员们了解到温庄村也是岩马水库的搬迁村，人均耕地面积少，经济条件差，从而导致了大量劳动力流失，也进一步导致了该村的宅基地闲置。

温庄村拥有大量的闲置宅基地难以流转，宅基地因为其集体建设用地的特性，闲置宅基地不能恢复为耕地，也无法向本集体外流转以增加收入。中国的村庄并不是所有村庄都有旅游资源可以进行开发，如此一来，闲置的宅基地也限制了温庄村经济的发展。

3. 多重收获，总结与反思

在队员们与许多村民的交谈中，发现村民群体对宅基地的相关政策还是不甚了解，相较于宅基地入股，他们还是更倾向于将宅基地租赁给村集体这种能快速获取收益的方式。李庄村自从"农村小院"建设以来，当地村民的收入大幅提高，旅游业的发展也让村里的基础设施更加完善，李庄村的发展经验值得推广和借鉴。宅基地改革除了利用闲置宅基地发展旅游业之外，还可以由国家统一规划，对闲置宅基地进行回收，以实现对闲置土地的重新利用。

（四）探国土所改革实况，询中级人民法院发展意见

1. 访谈国土所，立体化了解宅基地改革实况

为了深入了解枣庄市山亭区冯卯镇当地宅基地的规划与相关政策，调研队来到了冯卯镇国土资源所与该所所长进行了深入的探讨。队员们在与所长的交流中了解到，当地宅基地确权大概完成了70%，目前当地的宅基地改革已经叫停，正等待新的政策与调整。就目前而言，宅基地使用权流转虽然在试点中取得了一定的成功，但受制于现行的法律，宅基地使用权有偿流转依然缺少法律支撑，宅基地的入市如抵押贷款等形式目前基本还处于理论阶段，还需要试点与相关的经验；对于现阶段的宅基地问题，相关部门缺少干预的权力，不能有效地保障农民的权利，且目前农村"一户多宅"的情况仍然非常普遍。

2. 走访法院，探索一线纠纷

调研队到达枣庄市中级人民法院，与相关工作人员进行了探讨，就宅基地流转问题进行了具体分析，工作人员耐心地对调研队提出的问题进行一一解答。一方面，通过此次采访，调研队真实地了解了宅基地流转相关的具体数据，对枣庄市土地资源状况有了整体上的认识；另一方面，在了解了宅基地流转的案例后，调研队对目前宅基地使用权流转的痛点和难点有了更准确地把握。此外，工作人员已经认真记录了调研队提出的问题，日后会与其他同事进行深入交流讨论，提供专业、权威的意见与数据，为调研队的研究提供有力的支持与保障。

（五）企业添动能，老宅增新值

调研队驱车到达泰安市岱岳区道朗镇，与相关负责人进行深入交流。据介绍，九女峰脚下的十九个村落被一条蜿蜒崎岖的盘山道路连接，鲁商集团以文旅为切入点将九女峰下的十九个村整体打造成集田园文旅、康养度假、高效农业、研学游学于一体的乡村生态旅游度假区。调研队事先了解到，东西门村在此次宅基地改造升级中效果显著，在保证宅基地范围不变的情况下，石墙庭院成为高端度假民宿，产生的经济价值成倍增长。

为深入了解改造现状，调研队走访了该村党支部书记。据介绍，该村在鲁商集团投资改造之前，因交通闭塞、土地贫瘠等问题，村内劳动力流失严重，青年人外出务工，村内宅基地闲置数量较多，甚至有部分区域出现无人居住的情况。在鲁商集团和相关部门的规划下，对村落进行了改造升级。以东西门村的十二处宅基地为例，在保持宅基地边界不变的情况下，以存量建筑的空间激活和原有环境的生态修复为切入点，实现旧村落的新生。改造后的村落在保留原有村落肌理的同时，在内部功能上实现突破，进而满足"新"的客房需求。该地通过引入企业的方式，让企业成为破解宅基地闲置难题的"活力之源"，在原有宅基地的范围内实现价值的最大化。

调研队对这十二处宅基地进行了参观，石墙庭院极具乡村特色，周边公共设施完善，古村落与现代建筑的融合，既留住了乡愁，也迈出了乡村振兴的新步伐。这种借助企业改造农村宅基地的模式，也具有相当的活力。

（六）考察烟台实况，拓展宅基地新方向

调研队来到了北京市尚公（烟台）律师事务所，与律师对宅基地问题进行了充分的探讨，并向其了解山东省烟台市有关宅基地使用权流转的相关案例。调研队了解到，目前宅基地流转主要还是在村集体内，产生的纠纷也主要是村集体成员内部流转而导致的纠纷，宅基地向村集体外流转较为困难，相关纠纷案件的核心问题是宅基地是否能对本集体组织以外的成员流转和如何保证流转的双方的利益。同时，调研队也向律师咨询了对目前宅基地改革方向及方法的看法、在宅基地流转过程中存在的问题与阻力以及解决措施。

（七）赴蓬莱仙境，解村民之惑

调研队来到山东省烟台市蓬莱区，受邀走访北沟镇的众多村庄。成员用两天时间走访了 5 个村子，并入户进行调研。在走访过程中，用法律知识为村民解答困惑，提醒防范风险，并给出建设性的意见。通过调研了解到，村内宅基地闲置较为严重，村民多居住于自行购买的村内建盖的小产权房屋，因此多数村民对于宅基地盘活利用表示赞同和支持。村民热情地拿出他们的集体土地建设用地使用权证和房屋所有权证供我们进行调研，但村内的新证并没有发下来。之后，我们来到了北沟镇南王绪村的服务中心，对话村党支部书记，了解到了本村目前的基本情况和政策，以及村党支部书记对宅基地使用权放活的意见。

（八）威海农民走新路，探索村企一体化

1. 烟墩角村发展阻力

调研队成员们相继抵达山东省威海市烟墩角村，村党支部书记给予了热情的接待。在与村党支部书记的交谈中，队员们了解了烟墩角村的基本情况。根据介绍，烟墩角村早年间经济条件差，大多数农民务农但难以维持生计，许多村民选择外出打工，造成了村内大量土地无人耕种、大量宅基地闲置。村党支部书记表示，虽然烟墩角村附近有天鹅湖和彩石岛等丰富的旅游资源，但受限于经济条件与基础设施，他们难以对丰富的旅游资源和闲置宅基地进行有效开发，虽然有村民尝试过以农家乐等形式利用闲置宅基地等资源，但由于缺乏统一规划、设计和宣传，经济效益并不理想。队员们发现，此种情况在之前调研过程中已有先例，而个体因受限于眼界、经济能力等方面的因素，无法投入大笔资金对闲置宅基地进行改造，只能停滞于现状。此外，分散的土地不利于土地的统一管理，进一步阻碍了土地的高效利用。

2. 创新改革，共同致富

在与村党支部书记交流后，经过短暂的休整，村党支部书记带领调研队深入农户进行调研。调研队从农户与村党支部书记的介绍中了解到，基于几十年前兴起的合作社，烟墩角村也创办了渔业合作社，由此形成了烟墩角渔业队和烟墩角农业队。1992年，烟墩角渔业队、农业队合并，成立了马道渔业公司，1999年改制为山东烟墩角集团有限公司，后更名为荣成烟墩角水产有限公司。该公司由村委会管理，实际上形成了具有特色的"村企一体"的发展模式。随后由村委会统一回收宅基地，为村民修建安置房，并通过荣成烟墩角水产有限公司对旅游资源进行统一开发、统一经营、统一管理，修缮特色建筑"海草房"，以"天鹅""大海""农家乐"几个关键词带动本村旅游业，实现了经济上的腾飞。

关于宅基地对外流转，村党支部书记也进行了介绍。烟墩角村的宅基地已经由村民个人所有收归村集体，经过对宅基地的统一改造和修缮本地特色的"海草房"，吸引了大批的游客。村集体也是支持以宅基地对外出租等方式对宅基地的使用权进行流转，这也有效地增加了烟墩角村的经济收入。

3. 发展反思与模式前景

烟墩角村通过"村企一体"的新模式开发了本村已有的旅游资源，并充分利用了本村的宅基地为旅游资源进行服务，这种"村企一体"的模式是相当新颖的，通过村委会整合资源，通过企业对旅游和宅基地等资源进行开发，再通过旅游等资源带动整个烟墩角村的经济发展，形成了一个相当完善的模式。这套模式通过对村委会和企业功能的充分利用，形成了良性的配合，但该模式也需要有充分的资源进行开发，这就对村自身的资源条件有一定要求，也更需要政府对该模式的扶持，以切实保证对宅基地连片开发和规模经营的可操作性。

（九）探寻威海纠纷，了解流转痛点

1. 前车之鉴

在完成了对烟墩角村的调研后，调研队又来到了山东成山海天律师事务所，向律师了解山东省威海市荣成市宅基地相关案件存在的主要问题。律所主任向调研队介绍，目前荣成市范围内宅基地的相关案件主要集中在宅基地流转上，因为宅基地流转的合法性和合同的有效性争议较大。一方面，存在非本集体成员蒙骗村民出售宅基地以获得宅基地使用权的问题，另一方面，存在部分村民因想获得宅基地拆迁后的补偿款而将受让方告上法庭要求判定合同无效的问题。这两个方面的问题在如今的法律和政策下无法避免，成了目前荣成市宅基地相关案件中的主要矛盾。

2. 未来之路

山东成山海天律师事务所主任对宅基地改革未来的发展给出了自己的建议。他表示，对于国家来说，保证宅基地的非私有化是重中之重，宅基地依然是归村集体所有，但现如今大量闲置的宅基地已经成为中国大多数村庄的负担，影响村庄经济的发展。闲置宅基地既可以是村庄发展的制约，同样也可以是村庄的助力，合理地对宅基地进行流转可以促进村庄经济的发展。应该说，对闲置宅基地再利用是乡村经济的发展一个大趋势。

3. 总结与展望

经过对律所的调研，调研队充分了解了荣成市宅基地的现状和目前宅基地流转的主要问题以及宅基地制度未来可能的发展方向。对这些信息的分析与探讨也为调研队的研究留下了重要的一笔。

随着调研的不断推进，调研队的行程也逐渐进入尾声。结合之前的走访经验，每一位队员都对宅基地使用权流转政策的落实情况有了更清晰的认识，但同时也更加明白自己身上的使命和责任。

参考文献

[1]〔英〕梅因:《古代法》,沈景一译,商务印书馆,1959。

[2] 房绍坤:《民法》,中国人民大学出版社,2009。

[3] 杨震:《物权法》,中国人民大学出版社,2009。

[4] 王小莹:《我国农村宅基地使用权制度研究》,中国民主法制出版社,2014。

[5] 王旭东:《中国农村宅基地制度研究》,中国建筑工业出版社,2011。

[6]〔美〕伊利,莫尔豪斯:《土地经济学原理》,滕维藻译,商务印书馆出版社,1982。

[7]〔荷〕何·皮特:《谁是中国土地的拥有者?——制度变迁、产权和社会冲突》,林韵然译,社会科学文献出版社,2008。

[8] 房绍坤、林广会:《法定租赁权视角下宅基地"三权分置"改革的路径创新》,《吉林大学社会科学学报》2024年第4期。

[9] 温世扬、梅维佳:《宅基地"三权分置"的法律意蕴与制度实现》,《法学》2018年第9期。

[10] 孔祥智:《宅基地改革政策沿革和发展方向》,《农村工作通讯》2019年第12期。

[11] 姜楠:《宅基地"三权"分置的法构造及其实现路径》,《南京农业大学学报》(社会科学版)2019年第3期。

[12] 郭贯成、盖璐娇:《乡村振兴背景下宅基地"三权分置"改革探

讨》，《经济与管理》2021 年第 5 期。

[13] 林超、郭彦君：《农村宅基地功能研究述评及对乡村振兴启示》，《经济体制改革》2020 年第 4 期。

[14] 张磊：《乡村振兴战略导向下农村宅基地确权及流转制度改革研究》，《农业与技术》2021 年第 4 期。

[15] 王若男等：《乡村振兴背景下宅基地使用权的资源再配及治理路径——基于定量定性混合研究方法》，《中国土地科学》2021 年第 7 期。

[16] 傅夏仙、黄祖辉：《中国脱贫彰显的制度优势及世界意义》，《浙江大学学报》（人文社会科学版）2021 年第 2 期。

[17] 贺雪峰：《农村宅基地、乡村振兴与城市化》，《南京农业大学学报》（社会科学版）2021 年第 4 期。

[18] 陈文胜：《农村改革，必须要有底线!》，《协商论坛》2020 年第 8 期。

[19] 孟勤国：《禁止宅基地转让的正当性和必要性》，《农村经营管理》2010 年第 5 期。

[20] 陈柏峰：《农村宅基地限制交易的正当性》，《中国土地科学》2007 年第 4 期。

[21] 刘凯湘：《法定租赁权对农村宅基地制度改革的意义与构想》，《法学论坛》2010 年第 1 期。

[22] 王卫国、朱庆育：《宅基地如何进入市场？——以画家村房屋买卖案为切入点》，《政法论坛》2014 年第 3 期。

[23] 刘国栋：《农村宅基地"三权分置"政策的立法表达——以"民法典物权编"的编纂为中心》，《西南政法大学学报》2019 年第 2 期。

[24] 席志国：《民法典编纂中的土地权利体系再构造——"三权分置"理论的逻辑展开》，《暨南学报》（哲学社会科学版）2019 年第

6 期。

[25] 丁关良:《宅基地之新的权利体系构建研究——以宅基地"三权分置"改革为视野》,《贵州社会科学》2021 年第 7 期。

[26] 管洪彦:《"三权分置"下宅基地集体所有权管理权能的构造与实现》,《当代法学》2024 年第 4 期。

[27] 刘俊:《农村宅基地使用权制度研究》,《西南民族大学学报》(人文社科版) 2007 年第 3 期。

[28] 李国祥:《全面把握"三权分置"深化农村宅基地制度改革》,《中国党政干部论坛》2020 年第 8 期。

[29] 王欣:《"三权分置"下农村宅基地资格权研究——基于四川省泸县宅基地制度改革试点实践》,《广西质量监督导报》2020 年第 2 期。

[30] 丁国民、龙圣锦:《乡村振兴战略背景下农村宅基地"三权分置"的障碍与破解》,《西北农林科技大学学报》(社会科学版) 2019 年第 1 期。

[31] 陈振等:《宅基地"三权分置":基本内涵、功能价值与实现路径》,《农村经济》2018 年第 11 期。

[32] 刘震宇、王崇敏:《我国农村宅基地管理的法治化构造》,《当代法学》2016 年第 5 期。

[33] 高圣平:《宅基地制度改革政策的演进与走向》,《中国人民大学学报》2019 年第 1 期。

[34] 刘灿:《民法典时代的宅基地"三权分置"实现路径》,《法学论坛》2022 年第 1 期。

[35] 段佳伟:《宅基地"三权分置"之法权配置》,《河北农业大学学报》(社会科学版) 2020 年第 3 期。

[36] 史卫民、董鹏斌:《农村闲置宅基地入股利用的制度构建》,《西安财经大学学报》2021 年第 1 期。

[37] 高圣平：《宅基地制度改革试点的法律逻辑》，《烟台大学学报》（哲学社会科学版）2015年第3期。

[38] 龙圣锦、陶弈成：《农村宅基地使用权抵押的权属障碍与破解路径》，《现代经济探讨》2018年第11期。

[39] 房绍坤：《民法典用益物权规范的修正与创设》，《法商研究》2020年第4期。

[40] 杨雅婷：《〈民法典〉背景下放活宅基地"使用权"之法律实现》，《当代法学》2022年第3期。

[41] 陶密：《"三权分置"视角下宅基地有偿使用的法律实现》，《学习与探索》2024年第5期。

[42] 宋志红：《宅基地"三权分置"的法律内涵和制度设计》，《法学评论》2018年第4期。

[43] 韩松：《宅基地立法政策与宅基地使用权制度改革》，《法学研究》2019年第6期。

[44] 高圣平：《宅基地制度改革与民法典物权编编纂——兼评〈民法典物权编（草案二次审议稿）〉》，《法学评论》2019年第4期。

[45] 高圣平：《不动产统一登记视野下的农村房屋登记：困境与出路》，《当代法学》2014年第2期。

[46] 管洪彦、张蓓：《宅基地分配中"落实集体所有权"的法理证成与制度实现》，《安徽师范大学学报》（社会科学版）2024年第3期。

[47] 吴迪：《宅基地制度改革的考量——以宅基地福利性与财产性矛盾为视角》，《天津师范大学学报》（社会科学版）2020年第5期。

[48] 李国强：《论农地流转中"三权分置"的法律关系》，《法律科学》（西北政法大学学报）2015年第6期。

[49] 惠建利：《乡村振兴背景下农村闲置宅基地和闲置住宅盘活利用的实践考察及立法回应》，《北京联合大学学报》（人文社会科学

版）2022 年第 2 期。

[50] 孟勤国：《物权法开禁农村宅基地交易之辩》，《法学评论》2005 年第 4 期。

[51] 艾琴、梁丹辉：《建设新农村视角下宅基地使用权制度研究》，《理论改革》2008 年第 6 期。

[52] 龙翼飞：《对我国农村宅基地使用权法律调整的立法建议——兼论"小产权房"问题的解决》，《法学杂志》2009 年第 9 期。

[53] 史卫民、杜鹃：《我国宅基地使用权法律保护的反思与完善》，《湖北农业科学》2012 年第 13 期。

[54] 韩松：《新农村建设中土地流转的现实问题及其对策》，《中国法学》2012 年第 1 期。

[55] 张波：《农村集体土地权利"鸡肋"化的解决路径探析——以进城农民市民化成本障碍及其解决为视角》，《政治与法律》2013 年第 12 期。

[56] 李祎恒、董云帆：《价值均衡视角下宅基地使用权继承纠纷的裁判规则构建》，《河北经贸大学学报》2024 年第 3 期。

[57] 李勇坚：《我国农村宅基地使用制度创新研究》，《城乡统筹与农村改革》2014 年第 6 期。

[58] 岳永兵：《闲置宅基地形成机理、规模测算与整治前景——基于宅基地闲置类型的讨论》，《西北农林科技大学学报》（社会科学版）2024 年第 3 期。

[59] 刘守英：《农村宅基地制度的特殊性与出路》，《国家行政学院学报》2015 第 3 期。

[60] 宋志红：《宅基地使用权流转的困境与出路》，《中国土地科学》2016 年第 5 期。

[61] 李永军：《集体经济组织法人的历史变迁与法律结构》，《比较法研究》2017 年第 4 期。

[62] 刘天利:《城镇化背景下宅基地使用权制度改革的法律困境与对策》,《西安财经学院学报》2017年第6期。

[63] 房绍坤:《民法典物权编用益物权的立法建议》,《清华法学》2018年第2期。

[64] 席志国:《民法典编纂视域中宅基地"三权分置"探究》,《行政管理改革》2018年第4期。

[65] 黄敏、杜伟:《坚守农村宅基地制度改革底线:风险问题与优化思路》,《四川师范大学学报》(社会科学版)2024年第3期。

[66] 李凤章、赵杰:《农户宅基地资格权的规范分析》,《行政管理改革》2018年第4期。

[67] 吴郁玲等:《农村异质性资源禀赋、宅基地使用权确权与农户宅基地流转:理论与来自湖北省的经验》,《中国农村经济》2018年第5期。

[68] 韩立达等:《农村宅基地"三权分置":内在要求、权利性质与实现形式》,《农业经济问题》2018年第7期。

[69] 徐东辉等:《乡村振兴背景下的农村宅基地有偿退出机制研究》,《农业经济》2024年第4期。

[70] 温世扬、韩富营:《从"人役权"到"地上权"——宅基地使用权制度的再塑造》,《华中师范大学学报》(人文社会科学版)2019年第2期。

[71] 郑雄飞、刘婕:《"城乡两栖"视角下农村宅基地"三权分置"问题研究》,《华东师范大学学报》(哲学社会科学版)2024年第2期。

[72] 董新辉:《新中国70年宅基地使用权流转:制度变迁、现实困境、改革方向》,《中国农村经济》2019年第6期。

[73] 吕军书、朱方宜:《建立农村宅基地管理政府权力清单制度问题分析》,《农业经济》2019年第12期。

[74] 李丽等：《"三权分置"背景下宅基地使用权流转的法学视角再审视》，《中国土地科学》2020年第3期。

[75] 李国权：《论宅基地"三权"分置的可能风险及防范对策》，《河南社会科学》2020年第12期。

[76] 林宣佐等：《农村宅基地"三权分置"的实现模式及保障措施分析》，《农业经济》2020年第11期。

[77] 陈丹：《宅基地"三权分置"下农民财产权益的实现路径》，《农村经济》2020年第7期。

[78] 吕军书、张硕：《宅基地"三权分置"的法律内涵、价值与实现路径》，《农业经济》2020年第6期。

[79] 高海：《论农民进城落户后集体土地"三权"退出》，《中国法学》2020年第2期。

[80] 张克俊、付宗平：《"三权分置"下适度放活宅基地使用权探析》，《农业经济题》2020年第5期。

[81] 黄健雄、郭泽喆：《"三权分置"改革回顾、研究综述及立法展望——以农村集体土地权利体系的分层解构为视角》，《农业经济问题》2020年第5期。

[82] 赵新潮：《"三权分置"背景下宅基地流转制度的反思与重构——基于法定租赁权设想之审视》，《社会科学战线》2021年第2期。

[83] 傅倩倩等：《宅基地"三权分置"背景下农户宅基地流转意愿及其影响因素分析——以山东省日照市为例》，《山东农业科学》2021年第1期。

[84] 李新：《关于农村宅基地改革"沈北模式"的调查与思考》，《沈阳干部学刊》2020年第6期。

[85] 王成、徐爽：《农村宅基地"三权分置"的制度逻辑及使用权资本化路径》，《资源科学》2021年第7期。

[86] 秦玉莹：《宅基地"三权分置"中"农户资格权"的建构——基

于"身份权"的视角》,《贵州社会科学》2021 年第 3 期。

[87] 温婷、杨子生:《农村宅基地"一户多宅"问题成因及治理路径探析》,《资源与人居环境》2021 年第 10 期。

[88] 张洪波:《非保障性宅基地使用权的市场化变革》,《吉林大学社会科学学报》2024 年第 4 期。

[89] 郭恩泽等:《如何促进宅基地"三权分置"有效实现——基于产权配置形式与实施机制视角》,《农业经济问题》2022 年第 6 期。

[90] 吴昭军:《多元主体利用宅基地合作建房的权利配置——以"三权分置"为实现路径》,《贵州社会科学》2022 年第 4 期。

[91] 焦富民:《乡村振兴视域下宅基地"三权分置"改革的法律制度设计》,《江海学刊》2022 年第 4 期。

[92] 刘双良:《乡村社会变迁对宅基地"三权分置"与乡村振兴的冲击与牵引》,《农村经济》2024 年第 2 期。

[93] 欧玲、王兆林:《农村宅基地"三权分置"研究演进与趋势》,《中国农业资源与区划》2022 年第 8 期。

[94] 林津等:《宅基地"三权分置"制度改革的潜在风险及其管控》,《华中农业大学》(社会科学版) 2022 第 1 期。

[95] 祁全明:《乡村振兴战略下农村闲置宅基地有偿退出机制研究》,《广西政法管理干部学院学报》2022 年第 4 期。

[96] 张梅爱:《宅基地有偿退出的运行机制及路径优化》,《农业经济》2022 年第 10 期。

[97] 张淞纶:《房地分离:宅基地流转之钥——以宅基地使用权继承之困局为切入点》,《浙江大学学报》(人文社会科学版) 2022 年第 1 期。

[98] 李玲玲、贺彦菘:《城乡融合发展中宅基地使用权流转的必要限制与合理扩张》,《西北农林科技大学学报》(社会科学版) 2022 年第 3 期。

[99] 赵金龙、胡建：《农村宅基地制度改革探索——兼论宅基地"三权"分置政策》，《农业经济》2024年第2期。

[100] 毛铖、曹迎新：《农村宅基地制度改革研究的回顾与展望》，《中南民族大学学报》（人文社会科学版）2024年第4期。

[101] 肖顺武、董鹏斌：《闲置宅基地使用权入股的理论证成、实践基础与推进路径》，《农村经济》2024年第1期。

[102] 高圣平：《宅基地制度改革的实施效果与顶层设计——基于新一轮宅基地制度改革试点的观察与思考》，《北京大学学报》（哲学社会科学版）2024年第1期。

[103] 刘双良：《宅基地制度改革助力乡村振兴的四维驱动、现实瓶颈与实现进路》，《贵州社会科学》2024年第1期。

[104] 宋志红：《宅基地征收向宅基地收回的"逃逸"及其规制》，《东方法学》2024年第1期。

[105] 杨璐璐：《宅基地"三权分置"改革下的农村住房保障：制度框架与实现路径》，《山东社会科学》2023年第12期。

[106] 孙建伟：《宅基地资格权法定化的法理展开》，《法学》2023年第11期。

[107] 李长健、陈鹏飞：《宅基地资格权的权能定位与制度因应》，《华南农业大学学报》（社会科学版）2023年第6期。

[108] 申建平：《宅基地"使用权"实践探索的法理检视与实现路径》，《法学论坛》2023年第6期。

[109] 惠建利：《共同富裕目标下的农村集体经济组织功能定位与制度变革——基于闲置宅基地盘活利用的实践考察》，《兰州大学学报》（社会科学版）2023年第5期。

[110] 杨书萍：《"三权分置"下农村宅基地流转的困境与出路》，《农业经济》2020年第1期。

[111] 李怀、陈享光：《乡村振兴背景下宅基地"三权分置"的权能实

现与深化路径》,《西北农林科技大学学报》(社会科学版)2020年第6期。

[112] 胡命正、徐圣兵:《依托旅游产业的农村合作社资源共享模式研究》,《中国市场》2020年第35期。

[113] 胡建:《共同富裕视域下宅基地使用权的运行:从"权能分离"到"权利行使"》,《农村经济》2023年第10期。

[114] 吕军书:《物权效率维度下我国农村宅基地市场配置探微——兼论宅基地市场配置的风险防范》,《河南大学学报》2012年第1期。

[115] 吕军书、张文赟:《农村宅基地使用权流转的风险防范问题分析》,《河南师范大学学报》(哲学社会科学版)2013年第2期。

[116] 吴明发等:《基于模糊综合评价模型的农村宅基地流转风险评价》,《生态经济》2018年第1期。

[117] 杨立平等:《"三权分置"下农村宅基地流转的困境与出路》,《山西农经》2021年第9期。

[118] 张勇等:《我国农村宅基地制度演变及其改革走向》,《山西农业大学学报》(社会科学版)2016年第11期。

[119] 瞿理铜、朱道林:《基于功能变迁视角的宅基地管理制度研究》,《国家行政学院学报》2015年第5期。

[120] 杨雪锋、董晓晨:《不同代际农民工退出宅基地意愿差异及影响因素——基于杭州的调查》,《经济理论与经济管理》2015年第4期。

[121] 张义博:《农村宅基地流转模式探析》,《宏观经济管理》2014年第9期。

[122] 林超、陈泓冰:《农村宅基地流转制度改革风险评估研究》,《经济体制改革》2014年第4期。

[123] 张梦琳:《农村宅基地流转模式分析与制度选择》,《经济体制改

革》2014年第3期。

[124] 胡方芳等:《欠发达地区农民宅基地流转意愿影响因素》,《中国人口、资源与环境》2014年第4期。

[125] 王千等:《我国农村宅基地管理政策梳理与思考》,《国土资源情报》2013年第10期。

[126] 张波:《城镇化背景下宅基地使用权流转法律问题研究》,《人民论坛》2013年第20期。

[127] 肖鹏、王朝霞:《宅基地"三权分置"的制度演进、政策背景与权利构造》,《云南大学学报》(社会科学版)2020年第2期。

[128] 严斌彬:《农村宅基地使用权继承问题研究》,《农业经济》2023年第10期。

[129] 于水等:《农村空心化下宅基地三权分置的功能作用、潜在风险与制度建构》,《经济体制改革》2022年第2期。

[130] 向超:《"三权分置"下宅基地制度的目标变迁与规制革新》,《政法论丛》2023年第5期。

[131] 房光磊:《"三权分置"视域下宅基地使用权流转立法实现探析》,《农业经济》2023年第8期。

[132] 朱方林、朱大威:《我国农村宅基地制度改革:阻点问题、实践探索、路径创新》,《农业经济》2023年第8期。

[133] 王晶:《宅基地使用权入股的法律冲突与协调》,《河北经贸大学学报》2023年第2期。

[134] 王兆林等:《农村宅基地流转收益分配研究综述与展望》,《中国农业资源与区划》2023年第5期。

[135] 史卫民、彭逸飞:《"三权分置"下宅基地资格权实现的法治保障》,《中国农业资源与区划》2023年第5期。

[136] 高海:《农地入股合作社的组织属性与立法模式——从土地股份合作社的名实不符谈起》,《南京农业大学学报》(社会科学版)

2014年第1期。

[137] 郑志峰、景荻：《新一轮土地改革背景下宅基地入股的法律制度探究》，《农村经济》2014年第12期。

[138] 曾旭晖、郭晓鸣：《传统农区宅基地"三权分置"路径研究——基于江西省余江区和四川省泸县宅基地制度改革案例》，《农业经济问题》2019年第6期。

[139] 吕丝：《农村宅基地"三权分置"权利体系的检视》，《江汉大学学报》（社会科学版）2024年第3期。

[140] 高海：《宅基地"三权分置"的法实现》，《法学家》2019年第4期。

[141] 郭贯成等：《新中国成立70年宅基地制度变迁、困境与展望：一个分析框架》，《中国土地科学》2019年第12期。

[142] 江帆、李苑玉：《宅基地"三权分置"的利益衡量与权利配置——以使用权为中心》，《农村经济》2019年第12期。

[143] 张勇：《乡村振兴战略下闲置宅基地盘活利用的现实障碍与破解路径》，《河海大学学报》（哲学社会科学版）2020年第5期。

[144] 王琳琳：《土地经营权入股法律问题研究》，《中国政法大学学报》2020年第6期。

[145] 陆铭等：《有效利用农村宅基地——基于山西省吕梁市调研的理论和政策分析》，《农业经济问题》2021年第4期。

[146] 张勇等：《基于文献计量分析的宅基地"三权分置"研究进展与展望》，《中国土地科学》2021年第6期。

[147] 张佰林等：《宅基地退出与再利用研究热点与展望》，《资源科学》2021年第7期。

[148] 刘恒科：《宅基地"三权分置"的政策意蕴与制度实现》，《法学家》2021年第5期。

[149] 耿卓：《集体建设用地向宅基地的地性转换》，《法学研究》2022

年第 1 期。

[150] 郎秀云：《"三权分置"制度下农民宅基地财产权益实现的多元路径》，《学术界》2022 年第 2 期。

[151] 李苑玉：《宅基地使用权入股的冲突识别与难点破解》，《行政与法》2022 年第 5 期。

[152] 林虎：《农村宅基地"三权分置"改革：困境与路径选择》，《荆楚学刊》2019 年第 5 期。

[153] 张勇等：《农村宅基地"三权分置"改革实践与深化路径——基于安徽省东至县梅树亭村的考察》，《东北农业大学学报》（社会科学版）2022 年第 4 期。

[154] 佟彤：《论乡村振兴战略下农村闲置宅基地盘活制度的规范协同》，《中国土地科学》2022 年第 9 期。

[155] 张卉林：《"三权分置"背景下宅基地资格权的法理阐释与制度构建》，《东岳论丛》2022 年第 10 期。

[156] 陈小君：《宅基地使用权的制度困局与破解之维》，《法学研究》2019 年第 3 期。

[157] 陈国富、卿志琼：《从身份到契约：中国制度变迁的特征透视》，《人文杂志》2000 年第 3 期。

[158] 温世扬、潘重阳：《宅基地使用权抵押的基本范畴与运行机制》，《南京社会科学》2017 年第 3 期。

[159] 王文胜：《〈民法典〉第 133 条（民事法律行为的定义）评注》，《法治研究》2022 年第 1 期。

[160] 房绍坤：《〈农村土地承包法修正案〉的缺陷及其改进》，《法学论坛》2019 年第 5 期。

[161] 曲颂等：《宅基地制度改革的关键问题：实践解析与理论探释》，《中国农村经济》2022 年第 12 期。

[162] 柴振国：《农村土地承包经营权出资的法律冲突与协调》，《河北

205

法学》2012年第12期。

[163] 周涛、李咏:《深圳城中村改造 尝试宅基地入股》,《经济观察报》2006年10月30日,第13版。

[164] 宁吉喆:《"三农"发展举世瞩目乡村振兴任重道远》,《人民日报》2017年12月15日,第10版。

图书在版编目(CIP)数据

宅基地使用权流转的实证研究 / 韩富营，王景淘著. 北京：社会科学文献出版社，2024.11. --ISBN 978-7-5228-4362-9

Ⅰ.D922.304

中国国家版本馆 CIP 数据核字第 2024GB3573 号

宅基地使用权流转的实证研究

著　　者 / 韩富营　王景淘

出 版 人 / 冀祥德
责任编辑 / 刘　芳
责任印制 / 王京美

出　　版 / 社会科学文献出版社·法治分社（010）59367161
　　　　　 地址：北京市北三环中路甲 29 号院华龙大厦　邮编：100029
　　　　　 网址：www.ssap.com.cn
发　　行 / 社会科学文献出版社（010）59367028
印　　装 / 三河市尚艺印装有限公司

规　　格 / 开　本：787mm×1092mm　1/16
　　　　　 印　张：13.5　字　数：185 千字
版　　次 / 2024 年 11 月第 1 版　2024 年 11 月第 1 次印刷
书　　号 / ISBN 978-7-5228-4362-9
定　　价 / 98.00 元

读者服务电话：4008918866

▲ 版权所有 翻印必究